SEBASTIAN LEGE

À LA LEGE

NEUE TRICKS TREFFEN AUF TRADITION
So haben Sie Ihre Klassiker noch nie gekocht

SEBASTIAN LEGE

À LA LEGE

NEUE TRICKS TREFFEN AUF TRADITION
So haben Sie Ihre Klassiker noch nie gekocht

Rezeptfotografie: Jörg Letz
Peoplefotografie: Frank Dursthoff

SEBASTIANS PASSION: KÜCHENKLASSIKER MIT NEUEM TWIST

Ein Vorwort schreiben? So etwas wäre mir früher nie in den Sinn gekommen. Lobhudelei und auf eine extrem rhetorische Art und Weise den Autor hervorheben – das braucht kein Mensch. Als ich erfuhr, dass mein wohlgeschätzter Kollege und Freund Sebastian Lege ein Kochbuch schreiben möchte (Frage: Wie viele Kochbücher erscheinen im Jahr in Deutschland?), dachte ich sofort »Endlich eins, das ich mir auch kaufen werde«. Es gibt viele Köche, die sich in den letzten Jahren durch beispiellose Kochkunst oder Blödsinn hervorgetan haben. Die meistverkauften Kochbücher wurden von Autoren geschrieben, die in keinem gastronomischen Ranking auftauchen. Was sagt uns das? Die Antwort können Sie sich selber geben …

Ich habe ein, zwei Vorbilder, von denen ich mit Fug und Recht behaupten kann: Sie gehören zu den Besten. Der eine ist der kompletteste Koch, den ich kenne. Der andere ist Sebastian Lege. Letzterer könnte auch Kneipenwirt, Rausschmeißer eines In-Clubs oder Boxbuden-Besitzer sein – kraftvolle Statur, große Schnauze, Gemüt wie ein Bär. Laut, direkt und liebevoll kompetent: Diese drei Eigenschaften sind so bezeichnend, weil er sie in seinem kulinarischen Tagesgeschäft eins zu eins umsetzt. Keiner legt die Lebensmittelindustrie inhaltlich so aufs Kreuz und paart die Ernährungswissenschaft mit neuen Kenntnissen und Zubereitungstechniken. Immer innovativ, einfallsreich und extrem fachkompetent. Einmalig im deutschsprachigen Europa. Ich selber arbeite mit ihm seit einigen Jahren eng zusammen. Er ist ein wahrer 3-Sterne-Koch, wenn es um Produktentwicklung, Lebensmitteltechnik und kulinarische Produktwissenschaft geht.

Dieses literarische Werk ist eine kulinarische Ausnahme. Sebastian Lege versteht es wie kein anderer durch seine eigenen innovativen Techniken traditionelle Rezepte mit neuen Werten zu versehen. Lieber Seb, du hast einen geilen Schinken geschrieben!

Gruß, Rose
(Frank Rosin)

I

FLEISCH & GEFLÜGEL

GULASCH MIT VIEL PAPRIKÁS

Bei Gulasch denken wir unwillkürlich an Paprika und Piroschka, an Ungarn und ein mehr oder weniger scharf gewürztes Schmorgericht. Weit gefehlt: Denn in Ungarn selbst ist ein »Gulyas« ein einfacher, bäuerlicher Eintopf, eine Suppe, die ursprünglich auch kein Paprikagewürz enthielt. Erst nach der Entdeckung Amerikas kamen Gewürzpaprika – Chilis – nach Europa, wo ungarische Hirten (Gulyas = Hirte) sie dann als preiswerten Ersatz für teuren Pfeffer verwendeten.

Würze konnte das oft minderwertige Fleisch vertragen, das zuvor lediglich mit viel Zwiebel, Wasser und wenigen anderen Zutaten lange köchelte, bis es einigermaßen weich wurde. Zu Beginn des 19. Jahrhunderts wandelte sich Gulasch in der k. u. k. Küche Österreichs zum weniger paprikascharfen Gericht, wie wir es heute kennen: feinwürzig und saftig – darum heißt es bei unseren österreichischen Nachbarn auch »Saftgulasch«. Das zunächst scharf angebratene Fleisch schmort in würziger Sauce, die am Ende oft gebunden wird, um gut an Kartoffeln oder Mehlspeisen zu haften. Über Umwege gelangte dieses Gulasch wieder ins Land der Magyaren. Wer es probieren möchte, muss dort jedoch »Pörkölt« bestellen. Nur dann ist das Fleisch angebraten (pörkölt = anrösten) – sonst gibt es Eintopf. Um die Verwirrung komplett zu machen, findet sich auf ungarischen Speisekarten auch noch »Paprikás« – Gulasch, das, wie Pörkölt auch, mit Paprika gewürzt, aber zusätzlich mit saurer Sahne oder Schmand verfeinert wird.

RINDERGULASCH

Für 4 Personen

40 Min. Zubereitung
2 Std. Schmoren

- **600 g Zwiebeln**
- **750 g Rindfleisch zum Schmoren (z. B. aus der Oberschale; möglichst Bioqualität)**
- **3 EL neutrales Pflanzenöl**
- **Salz**
- **Pfeffer aus der Mühle**
- **2 EL Tomatenmark**
- **2 EL edelsüßes Paprikapulver**
- **500 ml trockener Rotwein**
- **250 ml Fleischbrühe**
- **1 TL Kümmelsamen**
- **2 Lorbeerblätter**
- **6 Pimentkörner**
- **Schale von 1 Bio-Zitrone**
- **1–2 TL rosenscharfes Paprikapulver (oder Cayennepfeffer)**

1 Die Zwiebeln schälen und in feine Würfel schneiden. Das Rindfleisch trocken tupfen, von Häutchen und Sehnen befreien und in ca. 3 cm große Stücke schneiden.

2 Das Öl in einem Bräter erhitzen und das Fleisch darin bei großer Hitze ca. 5 Min. kräftig anbraten, dabei ein- bis zweimal wenden. Dann das Fleisch mit Salz und Pfeffer würzen und aus dem Bräter nehmen.

3 Die Zwiebelwürfel im verbliebenen Bratfett bei kleiner Hitze glasig schwitzen. Das Tomatenmark unterrühren. Das Fleisch dazugeben und mit dem Paprikapulver bestäuben. Mit ca. 150 ml Rotwein ablöschen, aufkochen und kurz einkochen, bis die Flüssigkeit fast verdampft ist. Wieder ca. 150 ml Rotwein dazugießen und fast einkochen. Dann den übrigen Wein und die Brühe angießen und alles aufkochen.

4 Den Kümmel im Mörser grob zerstoßen oder mit einem Messer klein hacken und mit Lorbeerblättern und Pimentkörnern zum Fleisch geben. Das Gulasch mit geschlossenem Deckel bei kleiner Hitze ca. 2 Std. schmoren, dabei zwischendurch ab und zu umrühren.

5 Die Zitronenschale ganz fein hacken und unter das Gulasch rühren. Das Gulasch herzhaft mit Salz, rosenscharfem Paprikapulver oder Cayennepfeffer abschmecken.

ASIA-UNGARISCHES-GULASCH À LA LEGE

»Made in China« sehen die meisten ja eher skeptisch: schnell gemacht und qualitativ eher schrottig. Wenn's um Essen geht, denken viele unwillkürlich an Glutamat, China-Restaurant-Syndrom und Sodbrennen. Aber die Chinesen haben auch das Schießpulver erfunden und jede Menge Tricks auf Lager, wenn es um die Zubereitung von supersaftigem, zartem Fleisch geht. Diese Tricks machen wir uns bei unserem 1a-Rindersaftgulasch zunutze, das chinesisch fix brät und dann ganz nach Wiener Manier gemütlich zu seiner Vollendung schmort. Habe die Ehre, Ihnen das erste perfekte asia-ungarische Gulasch vorzustellen!

Ein Rindersaftgulasch ist eine kleine Herausforderung. Als entscheidend fürs Gelingen gilt neben der Menge an verwendeten Zwiebeln und Paprikapulver vor allem die Fleischqualität. Und die muss erstaunlicherweise nicht besonders sein. Im Gegenteil, hier kommen gerade weniger edle Stücke zum Zuge: Langfaseriges, oft von Sehnen durchzogenes Fleisch ist fast Voraussetzung für ein extra mürbes, saftiges Gulasch in sämiger Sauce, das auf der Zunge zerfällt.

1. *Fleisch besteht neben Muskelfasern, Bindegewebe (Kollagen) und Fett hauptsächlich aus Wasser. Durch scharfes Anbraten verdunstet ein großer Teil davon, das Fleisch schrumpft, wird trockener und zäher. Beim anschließenden sanften Garen verwandelt sich das enthaltene Bindegewebe in Gelatine. Dazu benötigt das in den Muskeln enthaltene Kollagen Wasser. Neben dem nach dem Anbraten verblieben Eigenanteil an Wasser bekommt das Fleisch mittels Osmose (s. S. 54) zusätzliches Wasser durch die umgebende Schmorflüssigkeit von außen.*

2. *Ist ausreichend Flüssigkeit vorhanden, quillt die Gelatine auf, das Fleisch vergrößert sein Volumen und wird im Laufe der Garzeit wieder weicher und saftiger. Während das Fleisch über längere Zeit gemütlich im Topf vor sich hin schmurgelt, vollziehen sich für ein gelungenes Gulasch zusätzlich wichtige wechselseitige Osmoseprozesse (s. S. 54): Neben Wasser gelangen Aromastoffe aus der gewürzten Garflüssigkeit in die Fleischstücke. Die Gelatine quillt damit nicht nur auf, sondern wird dazu noch richtig aromatisch.*

Gleichzeitig diffundiert gelöste Gelatine nach außen und die wässrig dünne Garflüssigkeit verwandelt sich in eine sämige Sauce. Aber Achtung: Gelatine ist ein echtes Sensibelchen, was die Temperatur betrifft. Zwischen knapp 70° und 80° verwandelt sich Kollagen in Gelatine, macht das Fleisch zart und die Sauce voll, rund und angenehm mundschmeichelnd. Bei längeren zu hohen Gartemperaturen allerdings (über 80°) wird die Struktur der Gelatine zerstört. Dann gibt es am Ende nicht etwa ein sämiges »Pörkölt«, sondern eher ein »Gulyas« mit einer wässrigen Sauce. Dagegen hilft Fett im Fleisch, da dieses die Temperatur beim Garen langsamer ansteigen lässt. Gutes Gulaschfleisch sollte also nicht nur durchwachsenen, sondern auch immer richtig schön fettdurchzogen sein. Achten Sie beim Einkauf darauf!

SUPERSAFTIG UND GANZ OHNE GLUTAMAT

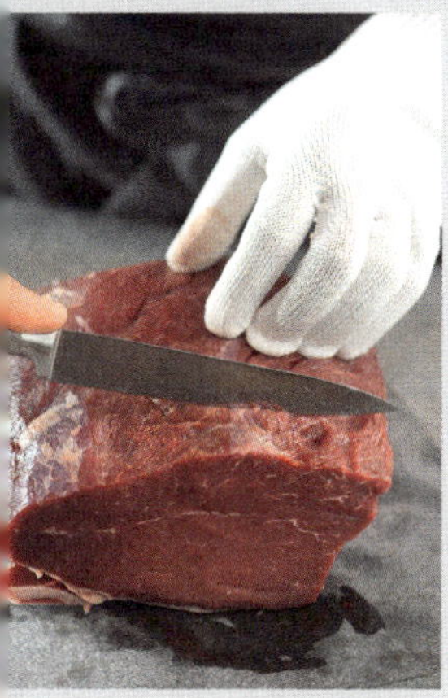

Was einfach klingt, hat seine Tücken. Je kleiner die Fleischstücke – wie im Fall von Gulasch –, desto mehr Wasser geben sie beim anfänglichen Anbraten ab. Im schlimmsten Fall so viel, dass das Fleisch sofort in Bratensaft schwimmt und zur »Gulyassuppe« dünstet statt kross gebraten Röstaromen für die Sauce zu entwickeln. Das Fleisch bleibt trocken und zäh – da hilft auch langes Schmoren wenig.

Für aromatisch saftiges Fleisch und eine Sauce mit kräftigen Röstaromen braucht es also viel Hitze und wie beim Braten von Steaks (s. S. 48) einen kleinen Trick, der verhindert, dass beim Braten zu viel Fleischsaft austritt. Dazu schauen wir nach China.

1

In China wird klein geschnittenes Fleisch vor dem Anbraten bzw. Frittieren bei extrem hohen Temperaturen im Wok zunächst in Stärke gewendet. Die Stärke umhüllt die Fleischstücke gleichmäßig.

2

Beim anschließenden Anbraten bzw. Frittieren quillt die Stärke sofort mit dem zuerst austretenden Fleischsaft auf, verkleistert und bindet den Fleischsaft.

3

Wie ein Schutzfilm legt sich die Stärke-Saft-Verbindung um das Fleisch und verhindert, dass beim Weiterbraten noch mehr Fleischsaft austreten kann.

Durch den Stärkemantel geschützt, bleibt das Fleisch selbst beim Frittieren saftig und bildet trotzdem reichlich Röststoffe im Zuge einer Maillard-Reaktion – das Fleisch wird röstig braun und entwickelt jede Menge Aroma, das auch für die Sauce reicht. Beim anschließende Niedrigtemperaturgaren bei maximal 66° bleibt es dann wie ein gut gebratenes Steak in einem Stadium von medium bis well done und entspannt sich zugleich zart und weich. In der fünfstündigen Garzeit können sich dann die Aromen von Fleisch und Sauce verbinden.

GEBACKENES UND FRITTIERTES GULASCH

Für 4 Personen

45 Min. Zubereitung
5 Std. Garen

- **1 kg Rindfleisch (Färse oder Fehlrippe; möglichst Bioqualität)**
- **5 EL Speisestärke**
- **1 l Frittieröl**
- **3 Knoblauchzehen**
- **3 große Zwiebeln**
- **5 rote Spitzpaprika**
- **20 Champignons (ca. 400 g)**
- **2 EL edelsüßes Paprikapulver**
- **2 EL Tomatenmark**
- **250 ml Rotwein**
- **1 l Rinderfond (aus dem Glas)**
- **4 kleine Lorbeerblätter**
- **½ TL gemahlener Kreuzkümmel**
- **Salz**
- **Pfeffer aus der Mühle**

Außerdem

- **ofenfester Topf (ca. 3 l Inhalt)**

1 Das Rindfleisch trocken tupfen und in Würfel mit ca. 4 cm Kantenlänge schneiden. Die Fleischwürfel in der Speisestärke wenden, sodass sie rundum von einer dünnen Stärkeschicht umhüllt sind.

2 Das Frittieröl in einem Topf oder einer Fritteuse auf 170–180° erhitzen. Ein Sieb in eine Schüssel hängen. Die Fleischstücke nach und nach portionsweise im heißen Öl frittieren, bis sie rundum leicht gebräunt sind. Die Stücke mit einer Schaumkelle herausnehmen, in das Sieb geben und abtropfen lassen.

3 Die Knoblauchzehen schälen und jeweils halbieren. Die Zwiebeln schälen und in kleine Würfel schneiden. Die Spitzpaprika waschen und halbieren, die weißen Trennwände und die Kerne entfernen. Anschließend die Paprika in schmale Streifen schneiden. Die Champignons putzen, falls nötig trocken abreiben, und in Scheiben schneiden.

4 Den Backofen auf 65° Ober-/Unterhitze (max. 66°, Ofenthermometer mit dazustellen) vorheizen. 4 EL des Frittieröls im ofenfesten Topf auf der Herdplatte erhitzen und die Zwiebeln mit dem Knoblauch darin bei starker Hitze anrösten. Das Paprikapulver dazugeben und kurz mit anschwitzen. Das Tomatenmark unterrühren und 4 Min. mit anschwitzen. Die Hälfte des Rotweins angießen und unter Rühren auf die Hälfte einköcheln lassen. Dann den übrigen Rotwein (125 ml) dazugeben und ebenfalls auf die Hälfte reduzieren.

5 Paprikastreifen, Champignons und Fleisch in den Topf geben. Den Rinderfond und die Lorbeerblätter dazugeben. Mit Kreuzkümmel, Salz und Pfeffer würzen. Das Gulasch mit geschlossenem Deckel im Ofen (Mitte) 5 Std. garen.

SUPERZART

Grundlage für mein Gulasch ist kein olles Rind, sondern ein zartes Kälbchen: Als »Färsen« bezeichnet man junge Kühe, die noch nicht gekalbt haben und auch sonst noch wenig Stress hatten. Nach optimaler Reifung von ca. 4 Wochen ist das Fleisch bereits wunderbar mürbe und könnte im Prinzip wie ein Steak gebraten werden.

FRIKADELLEN OHNE SENF UND SCHNAPS

Früher standen Frikadellen nicht nur in fast jedem Haushalt als Alltagsgericht oft auf dem Tisch, sondern auch auf dem Tresen vieler Kneipen. Gleich neben dem Glas mit Soleiern – als Spätabend-Notration und letztes Hilfsmittel für den vom Bier geplagten Magen. Mit Senf und einem Schnaps zum Runterspülen, ganz nach der Devise »Einer geht noch«. Das Gläschen dazu brauchte es meist schon deswegen, weil die endlos gebratenen Fleischplätzchen mit viel Brot gestreckt wurden.

Die Rezeptur ist prinzipiell schlicht und ähnelt sich trotz unterschiedlichster regionaler Bezeichnung: Hackfleisch – meist »halb und halb« – wird mit Zwiebeln, Ei und in Wasser oder Milch eingeweichtem altbackenem Brot als Bindemittel mit unterschiedlichen Würzmitteln wie Senf, Paprikapulver oder gehackter Petersilie vermengt. Daraus werden dann rundlich flache Plätzchen, »Bouletten« (französisch: Boules = Kugeln) oder »Klopse« (ostpreußisch für »kleiner Kloß«) geformt. Die »Fleischküchle« (süddeutscher Name) werden anschließend gründlich durchgebraten, worauf auch der Name »Frikadelle« verweist, der sich letztlich vom lateinischen »frigere« für »rösten« ableitet. Im Braten liegt dann auch die hohe Kunst der Frikadelle, die außen mit einer leichten, aromatischen Kruste versehen und innen weich und saftig sein sollte. Hier helfen zwar Milch und Brot, aber nicht immer – vor allem, wenn zu viel Brot verwendet wurde. Dann hilft wirklich nur noch ein Glas Korn.

FRIKADELLEN

Für 4 Personen

45 Min. Zubereitung

- 1 Brötchen (vom Vortag)
- 1 Zwiebel
- 1 TL Butter
- 600 g gemischtes Hackfleisch (halb und halb; möglichst Bioqualität)
- 1 Ei (M)
- 1 EL Tomatenmark
- 1 EL mittelscharfer Senf
- 1 TL getrockneter Thymian
- edelsüßes Paprikapulver
- Salz
- Pfeffer aus der Mühle
- 2–3 EL Weizenmehl (Type 405)
- 3 EL neutrales Pflanzenöl

1 Das Brötchen in einer Schüssel in Wasser einweichen. Die Zwiebel schälen und in feine Würfel schneiden.

2 Die Butter in einer Pfanne erhitzen und die Zwiebelwürfel darin bei mittlerer Hitze glasig dünsten. Aus der Pfanne nehmen und auf einem Teller etwas abkühlen lassen.

3 Das Brötchen ausdrücken und mit Hackfleisch, Zwiebel, Ei, Tomatenmark, Senf, Thymian und Paprikapulver in eine Schüssel geben. Mit Salz und Pfeffer würzen und alles gut verkneten.

4 Aus der Fleischmasse mit angefeuchteten Händen acht Frikadellen formen und diese auf etwas Mehl flacher drücken.

5 Das Öl in einer großen beschichteten Pfanne erhitzen. Die Frikadellen darin portionsweise bei mittlerer Hitze unter ein- bis zweimaligem Wenden in 10–15 Min. rundum braun braten. Sofort servieren.

SAFT-BOULETTEN À LA LEGE

Fleisch besteht aus in Bindegewebe gehüllten, langen, parallel liegenden Proteinfasern, die sich beim Erhitzen stark zusammenziehen und nur schwer zerbeißen lassen. Durch den Fleischwolf gedreht, werden die Fasern in kleine Stücke geteilt – das ist prima für Tartar, der sich so leicht und angenehm weich kauen lässt. Gleichzeitig vernetzen und »verkleben« sich aber beim Zerkleinern die aus ihren Hüllen freigesetzten Proteine und sondern beim Braten noch mehr Wasser ab als ein kompaktes Fleischstück: Diese gut 25 Prozent mehr Wasserverlust machen Frikadellen trocken und zäh. Dagegen lässt sich aber einiges tun.

»Faschierte Laibchen«, wie Frikadellen in Österreich genannt werden (faschiert = durchgedreht), werden vor dem Braten ähnlich wie Schnitzel in Paniermehl gewendet. Die darin enthaltene Stärke nimmt einen Teil des austretenden Fleischwassers beim Braten auf, quillt auf und bildet eine Art Schutzmantel um die Laibchen – sie trocknen weniger aus.

1. *Damit Frikadellen nicht nur saftig, sondern auch locker bleiben, braucht es eine »Panade«. Das bedeutet aber in der Fachsprache, wie oft fälschlich gleichgesetzt, nicht »Panierung« – also »Umhüllung« mit z. B. Bröseln – sondern eine Mischung aus in Wasser oder Milch eingeweichtem Brot oder Bröseln, die direkt in die Hackmasse eingearbeitet wird. Die Panade sorgt für Bindung, jedoch nicht im Sinne, dass sie nur das Zerfallen der Frikadellen verhindert. Vielmehr verhindert sie, dass das Hack zu einem kompakten Klumpen wird und sorgt für Lockerung und Feuchtigkeit.*

2. *Bereits beim Vermengen mit dem Hack wirken die Stärkemoleküle von Brot oder Bröseln wie eine Barriere und hindern die Fleischproteine daran sich zu vernetzen. Gleichzeitig bildet die Stärke mit Feuchtigkeit eine Art Gel, das die Proteine zusätzlich am Verklumpen hindert und die Bouletten feuchter hält. Beim Braten nehmen die Stärkekügelchen des Brots austretendes Fleischwasser auf und binden es – wie etwas Stärke, die eine Sauce andickt. So bleiben die Frikadellen nach dem Braten locker, weich und saftig statt sich in feste, trockene Klopse zu verwandeln.*

Eine Panade aus Wasser oder Milch mit Brot verhindert, dass Frikadellen trocken werden – und das sogar massiv: Eine Boulette, die ohne Panade zubereitet wird, verliert fast doppelt so viel Flüssigkeit, wie ein Vergleichsstück mit Panade. Milch hat dabei einen stärkeren Effekt als Wasser: Die Stärke bildet mit dem in Milch enthaltenen Wasser eine Art fettendes Gel, das die Fleischproteine umschließt und ähnlich wie Fett schmiert. Damit gelangt mehr Wasser in die Fleischmasse als ohnehin enthalten – die Bouletten werden noch saftiger und zarter. Darüber hinaus hat Milch noch einen weiteren Vorteil: Das darin enthaltene Eiweiß und der Milchzucker reagieren beim Braten in einer typischen Maillard-Reaktion (s. S. 66), die feine Röstaromen in und eine knusprige Kruste rundum die Bouletten bringt.

BROTLOSE KUNST

Auch bei deutschen Bouletten lohnt es sich über den eigenen Tellerrand zu schauen: Im Nahen Osten werden »Kibbeh«, die typisch eiförmigen Hackbällchen mit Hackfleisch und Bulgur anstelle von Brot zubereitet. Diese in der orientalischen Küche weit verbreitete Weizengrütze, bringt noch mehr Lockerung, Saftigkeit und dazu noch leichten Biss. Und mein ganz besonderer Geheimtipp: Quark!

Bulgur statt Brot, Quark statt Milch oder Wasser, ansonsten bleibe ich bei den Zutaten für meine Frikadellen recht klassisch. Vor dem Braten baden meine Bouletten allerdings noch kurz und sanft in Brühe – das bringt Saft, Kraft und noch mehr Geschmack in die leckeren Fleischküchlein!

1

Der stark quellende Bulgur bindet genau wie Brot, hat aber die Fähigkeit deutlich mehr Wasser aufzunehmen. Er lockert die Hackfleischmasse deshalb ideal und bringt zusätzlich Feuchtigkeit hinein.

2

Milch und Stärke verbinden sich zu einem feuchtigkeitsbindenden Gel. Quark erfüllt denselben Zweck und ist eine Umami-Bombe, die Wumms in die Bouletten bringt.

3

In Brühe, bei kleinerer Hitze als beim Braten, ziehen sich die Proteine langsamer zusammen, die Oberfläche schließt sich, die Feuchtigkeit bleibt im Inneren.

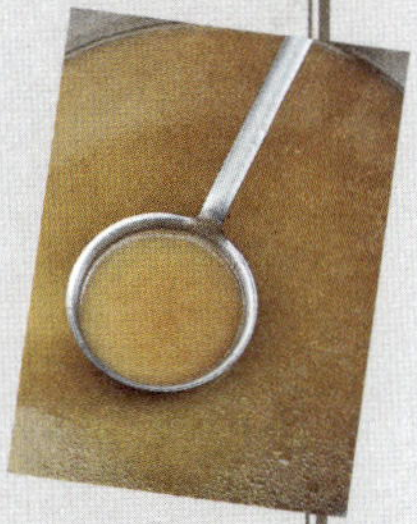

Dank Bulgur, Quark und Brühe hat sich die Feuchtigkeit der Bouletten nach dem Garen in Brühe optimal potenziert – da kann keine klassisch zubereitete Boulette mithalten! Und was nach dem Garziehen drin ist, kommt garantiert nicht mehr raus, die Bouletten behalten auch beim Braten Form, Lockerheit und Saftigkeit und schnurren null zusammen. Das Problem, dass sie außen verkohlen, während sie innen noch roh sind, hat sich ebenfalls erledigt. In einer gemäßigten Maillard-Reaktion werden sie schön braun, ohne Saft einzubüßen.

GETAUCHTE SAFT-BOULETTEN MIT UMAMI-EFFEKT

Für 4 Personen

40 Min. Zubereitung
3 Std. Ruhen

- **1 große Zwiebel**
- **50 g Petersilie**
- **1 Knoblauchzehe**
- **4 EL Butterschmalz**
- **500 g Hackfleisch (mit mind. 20 % Fett, nach Belieben Rind, Schwein oder gemischt; möglichst Bioqualität)**
- **100 g Bulgur oder feiner Grieß**
- **100 g Quark (20 % Fett i. Tr.)**
- **20 g Tomatenmark**
- **20 g mittelscharfer Senf**
- **Salz**
- **1 TL Pfeffer aus der Mühle**
- **1 Ei (M)**
- **1,5 l Gemüsebrühe (oder Hühnerbrühe)**
- **Öl für das Formen der Bouletten**
- **Petersilienblätter (nach Belieben)**

1 Die Zwiebel schälen und in feine Würfel schneiden. Die Petersilie waschen, trocken schütteln und fein hacken. Den Knoblauch schälen, halbieren, vom Keimling befreien und hacken.

2 In einer Pfanne 1 EL Butterschmalz erhitzen und die Zwiebel darin glasig anschwitzen. Aus der Pfanne nehmen und auf einem Teller kalt stellen.

3 Hackfleisch, Bulgur, Quark, Tomatenmark, Senf, Salz, Pfeffer und Ei in eine Schüssel geben und 3–4 Min. gut durchkneten. Zum Schluss 150 ml Gemüsebrühe (oder Hühnerbrühe) unterkneten. Die Fleischmasse zugedeckt im Kühlschrank 3 Std. ruhen lassen.

4 Aus der Fleischmasse nacheinander acht Bouletten formen. Dafür eine kleine Suppenkelle (ca. 100 ml Inhalt) innen leicht einölen und etwas Fleischmasse fest hineindrücken. Anschließend mit den Händen zu einer Kugel formen und diese zu einer ca. 1,5 cm dicken Boulette flach drücken.

5 Die restliche Brühe (ca. 1,35 l) in einem Topf zum Kochen bringen, die Bouletten hineingeben und bei mittlerer Hitze 13 Min. ziehen lassen. Dann mit einer Schaumkelle herausheben, abtropfen lassen und mit Küchenpapier etwas trocken tupfen.

6 Das übrige Butterschmalz (3 EL) in einer großen Pfanne erhitzen und die Bouletten darin bei mittlerer Hitze von beiden Seiten goldbraun braten. Nach Belieben mit Petersilienblättern dekorieren.

NOCH MEHR SAFT, PLEASE!
Um nichts verkommen zu lassen, die Garbrühe durch ein Sieb gießen, auffangen und in einem Topf bei großer Hitze auf ein Drittel einkochen lassen. Dann 200 g Sahne und 2 TL mittelscharfen Senf unterrühren und weiter reduzieren, bis die Sauce schön sämig eindickt. Das Ganze über die gebratenen Bouletten gießen – einfach himmlisch saftig!

NUDELN BOLOGNESE ODER DOCH PASTA?

Spaghetti bolognese kennt und liebt jedes Kind: Nudeln, Verzeihung Pasta, mit einer Tomatenhackfleischsauce eben. Eben nicht, rufen da gequält die Verfechter bester alter italienischer Küchentradition: Bei einem echten Ragù alla bolognese, handelt es sich doch vielmehr um ein lange, dick eingekochtes Fleischragout, an dem nur ein Hauch Tomaten vorbeigezogen sein darf und bei dem sich auch die übrige Zutatenliste eher puristisch ausnimmt.

Und Spaghetti? Das geht schon gleich gar nicht – zumindest im Herkunftsort Bologna, wo das Ragù auf einem Bett dottergelber Tagliatelle serviert wird – das weiß doch jedes Bambino! Wer ein echte Bolognese kochen möchte, kann sich natürlich an das seit 1982 bei der Accademia italiana della cucina hinterlegte »Originalrezept« halten. Das sieht übrigens auch Tomaten vor. Die dürften aber in keinem der Rezepte für Ragù enthalten sein, die wohl bereits vor 1700 existierten, als die »Pomodori« erst nach Italien kamen. Im Prinzip ist es müßig über das wahre Rezept zu sinnieren, sind sich in Italien doch so gut wie alle einig, dass nur die Mama oder Nonna das perfekte Rezept kennt. Das Geheimnis einer guten Bolognese liegt neben der ausbalancierten Zutatenkombi in der langen Garzeit, in der sich die Aromen perfekt entfalten und verbinden. Ob man mit Knoblauch, Muskat oder Sojasauce würzt, ist Geschmackssache. Einziges No-Go: Fertigpackungen, die Nudeln und Würze in einem anbieten!

SAUCE BOLOGNESE

Für 4 Personen

40 Min. Zubereitung
1 Std. Köcheln

- **1 Zwiebel | 5 Knoblauchzehen**
- **2 Möhren**
- **200 g Knollensellerie**
- **½ Stange Lauch**
- **2 Stiele Petersilie**
- **2 EL Butterschmalz**
- **400 g gemischtes Hackfleisch (halb und halb; möglichst Bioqualität)**
- **1 gehäufter EL Tomatenmark**
- **1 EL Zucker**
- **2 Lorbeerblätter**
- **2 Dosen stückige Tomaten (à 400 g)**
- **400 ml Gemüsebrühe**
- **2 Wacholderbeeren**
- **3 EL geriebener Parmesan**
- **50 ml Milch (oder 50 g Sahne)**
- **1–2 EL Aceto balsamico**
- **Salz**
- **Pfeffer aus der Mühle**

1 Die Zwiebel und 4 Knoblauchzehen schälen und in sehr feine Würfel schneiden. Die Möhren, den Sellerie und den Lauch putzen und waschen bzw. schälen. Das Gemüse ebenfalls in sehr feine Würfel schneiden. Die Petersilie waschen und trocken schütteln.

2 In einer Pfanne oder einem weiten Topf 1 EL Butterschmalz erhitzen: Zwiebel-, Knoblauch und Gemüsewürfel darin bei schwacher bis mittlerer Hitze in 8 Min. glasig dünsten, dann die Gemüsemischung aus der Pfanne nehmen und auf einem Teller beiseitestellen.

3 Die Temperatur erhöhen und das restliche Butterschmalz (1 EL) in der Pfanne erhitzen. Das Hackfleisch darin in ca. 10 Min. bröselig braten. Das Tomatenmark und den Zucker dazugeben, den Zucker leicht karamellisieren. Die Gemüsemischung mit den Lorbeerblättern und der Petersilie hinzufügen. Die Tomaten und die Gemüsebrühe dazugeben, alles einmal aufkochen und mit halb geschlossenem Deckel bei schwacher bis mittlerer Hitze ca. 30 Min. köcheln lassen. Inzwischen die Wacholderbeeren zerdrücken. Nach den 30 Min. Garzeit die Lorbeerblätter und Petersilie entfernen, dafür die Wacholderbeeren dazugeben. Die Sauce 30 Min. weiterköcheln.

4 Gegen Ende der Garzeit den Parmesan und die Milch unterrühren und die Sauce kurz ziehen lassen. Die übrige Knoblauchzehe schälen und durch die Knoblauchpresse dazudrücken. 1 EL Aceto balsamico unterrühren. Die Sauce mit Salz und Pfeffer und eventuell etwas Aceto balsamico abschmecken.

5 Die Sauce bolognese mit 400–500 g Spaghetti, Linguine oder Tagliatelle servieren. Dazu passt frisch geriebener Parmesan zum Bestreuen.

BOLOGNESE OHNE WASSER À LA LEGE

Wie der italienische Name nahelegt, handelt es sich bei einer Bolognese eigentlich weniger um eine Sauce, sondern um ein durch stundenlanges Garen sämig eingekochtes Fleischragout mit wenig Flüssigkeit, das eher einem lang gegarten Gulasch ähnelt. Das Ragù toppt dann die traditionellen, mit Eiern hergestellten Tagliatelle lediglich und wird nicht damit vermischt, um sie vollständig darin zu ertränken. Außerhalb Italiens wird das nicht so eng gesehen: Eine Sauce bolognese ist eine mehr oder weniger tomatige Sauce, der häufig noch Brühe oder Wasser zugesetzt wird, damit sie eine flüssige Konsistenz erhält.

Wow, wie lecker schmeckt das denn? Wenn wir das denken, ist häufig Glutamat im Spiel. Nicht als verpönter künstlicher Geschmacksverstärker, sondern in natürlicher Form: als Glutaminsäure, wie sie z. B. reichlich in Tomaten, Pilzen, Speck oder Parmesan oder anderem gereiften Käse vorkommt und von unseren Geschmackssinnen als »Umami«, als besonders »wohlschmeckend«, empfunden wird.

1. *Traditionell werden bei einem Ragout größer gewürfelte Fleischstücke scharf angebraten. Die intensiven Röstaromen des Fleisches werden dann durch die stark angebratenen Zwiebeln, Möhre, Sellerie und Lauch (die heilige Suppengemüse-Trinität) ergänzt. Mit Wein und/oder Brühe abgelöscht schmort es dann, bis es butterzart ist. Sein eher herber Charakter wird gerne durch intensive Gewürze wie Lorbeer oder Wacholder unterstrichen, nicht zuletzt bei Wildgerichten mit intensivem »Goût sauvage«. Ein Gericht für Fortgeschrittene, an dem Kinder wenig Gefallen finden.*

2. *Beim klassischen Ragù alla bolognese wird ausschließlich klein geschnittenes, sehr mageres Rindfleisch, kein Hackfleisch, verwendet. Damit es nicht trocken wird und die Sauce Schmelz erhält, kommt fetter, möglichst ungeräucherter Bauchspeck, Pancetta, dazu. Viel Pancetta wohlgemerkt: Das Originalrezept der Accademia italiana della cucina sieht ein Verhältnis von 2 zu 1 an Fleisch und Speck vor! Zusätzlich wird während des Garvorgangs Milch oder gar Sahne in kleinen Portionen untergerührt, die für mehr Cremigkeit und milderen Geschmack sorgt.*

Wer eine »echte« Sauce bolognese essen möchte, sollte nach Bologna reisen und dort möglichst verschiedene Varianten probieren – er wird feststellen, dass jede anders schmeckt. Wer allerdings nicht verreisen und hier eine tolle Sauce essen möchte, kann sich aber auch einfach die beschriebenen Grundlagen klar machen und damit sein ganz eigenes Ragù kochen, das sich dann mehr oder weniger flüssig oder sämig an die Nudeln schmiegt. Auch Spaghetti sind übrigens als Pastagrundlage erlaubt – allerdings sollten es zur Sauce bolognese dann »auf Bronze gezogene« (Pasta trafilata al bronzo) mit einer aufgerauten, porösen Oberfläche sein, an der die leckere Sauce besser haften bleibt als an den bei uns meist üblichen Pastasorten mit sehr glatter Oberfläche.

WAS LANGE SCHMORT, WIRD ENDLICH GUT

Mir kommt es bei Bolognese vor allem auf intensiven Geschmack an, bei dem sich trotzdem alle Aromen harmonisch verbinden. Auf Brühe oder gar zusätzlich Wasser verzichte ich, da ich eher intensives Ragout als Sauce möchte – etwas Wein und die Flüssigkeit der Tomaten reichen, den Rest erledigt die Zeit. Durch langes Köcheln verdunstet genug Flüssigkeit und die Aromen entfalten sich perfekt.

Meine Sauce bolognese soll der ganzen Familie schmecken – mit einem durch eine lange Köchelzeit entwickelten tiefen, aber nicht durch allzu viel Wein und Tomatensäure geprägten, herben Aroma, das Kinder vergraulen würde. Das letzte Geheiminis: ein Schuss Milch am Ende.

1. *Tomaten steuern Süße, Säure und viel Umami bei. Je reifer oder konzentrierter sie sind, desto mehr Umami: Darum kommen bei mir sonnengereifte Dosentomaten und Tomatenmark in die Bolo.*

2. *Einfachheitshalber gibt's Hack – aber Halb-und-Halb, da Schweinefleisch fetter ist. Mit Pancetta bringt das viel Fett – als Aromaträger und für eine »schlonzige« Konsistenz.*

3. *Milch macht's cremig und balanciert die Wein- und Tomatensäure aus. Am Ende dazugegeben, besteht auch kaum Gefahr, dass sie ausflockt.*

Eine schlichte, gute Sauce bolognese ist also kein Hexenwerk. Sie braucht allerdings Zeit, vier Stunden, eventuell auch etwas länger. Dass die Sauce perfekt ist, merkt man an der stark eingedickten Konsistenz und dem Fett, dass sich am Ende obenauf großflächig absetzt. Auch beim Servieren habe ich meine eigenen Vorstellungen: Einfach einen Teil der Sauce mit der Pasta verrühren, auf Teller verteilen und dann noch eine herzhafte Kelle Sauce obendrauf geben – perfetto, die Pasta Bolo à la Lege.

RAGOUT DE BOLOGNA

Für 4 Personen

20 Min. Zubereitung
4 Std. Köcheln

- **100 g Speck (am besten Pancetta)**
- **4 Stangen Staudensellerie**
- **1 dicke Möhre**
- **1 große Zwiebel**
- **2 Knoblauchzehen**
- **1 kg gemischtes Hackfleisch (halb und halb; möglichst Bioqualität)**
- **1 EL Tomatenmark**
- **150 ml Rotwein**
- **2 Lorbeerblätter**
- **1 l passierte Tomaten**
- **Salz**
- **Pfeffer aus der Mühle**
- **150 ml Milch**

1 Den Speck in feine Würfel schneiden. Den Sellerie und die Möhre putzen, waschen bzw. schälen und in feine Würfel schneiden. Die Zwiebel und den Knoblauch schälen und ebenfalls fein würfeln.

2 Den Speck in einer Pfanne bei mittlerer Hitze auslassen, bis er goldbraun ist. Sellerie-, Möhren-, Zwiebel- und Knoblauchwürfel dazugeben und alles bei mittlerer Hitze weiterbraten. In einer zweiten Pfanne das Hackfleisch nach und nach portionsweise bei großer Hitze krümelig und goldbraun anbraten.

3 Das Tomatenmark in die Gemüsemischung geben und kurz mit anschwitzen. Mit dem Rotwein ablöschen. Das Hackfleisch hinzufügen, die Lorbeerblätter anbrechen und ebenfalls dazugeben. Die passierten Tomaten unterrühren und alles mit geschlossenem Deckel bei niedrigster Hitzezufuhr 4 Std. köcheln lassen. Während der Kochzeit zwischendurch immer wieder umrühren.

4 Am Ende der Kochzeit das Ragout mit ca. 1 EL Salz und 1 TL Pfeffer würzen und die Milch unterrühren. Die Sauce mit 400–500 g Pasta nach Belieben servieren.

DIE QUAL DER PASTAWAHL

Zum Ragout de Bologna passt am besten eine Pastasorte mit rauer Oberfläche, die Sie beim Einkauf am Zusatz »al bronzo« auf der Nudelpackung erkennen. Die Pasta dann vor dem Servieren zunächst in einer Schüssel mit einem Teil der Sauce verrühren, dann auf Teller verteilen und erst zum Schluss die übrige Sauce obendrauf geben.

SAUERBRATEN WAS LANGE WÄHRT ...

Sauerbraten ist ein etwas altmodisches, zumindest nostalgisches Gericht aus längst vergangenen Zeiten. Einer Zeit in der Schmalhans Küchenmeister war, es noch keine Kühlschränke gab und das preiswerte Fleisch für den Sonntagsbraten von Rindern – oder im Rheinland sogar oft von Pferden – stammte, denen bis zur Schlachtung ein langes mehr oder weniger glückliches Leben vergönnt war. Entsprechend zäh und durchwachsen war das Bratenstück.

Dafür war im Gegensatz zu heute eines eher reichlich vorhanden, nämlich Zeit. Deshalb legten schlaue Hausfrauen ihr Fleisch in eine Marinade aus Essig und Wein ein, damit es sich im kühlen Keller mehrere Tage bis zum Sonntag hielt, ohne schlecht zu werden. Am Feiertag kam es dann samt Marinade in den Topf, wo es ebenfalls recht gemütlich, mit viel Zeit, Ruhe und einigem an Würzzutaten vor sich hin schmorte. Denn der Braten sollte ja nicht nur sauer schmecken: Zutaten wie Lebkuchengewürz, Nelken, Lorbeerblätter und Knoblauch wanderten meist schon in die Marinade, in die Sauce kamen später als süßes Gegengewicht zur Säure, je nach Region verschieden, mal Rosinen, Lebkuchen, Aachener Printen, Rübensirup oder Apfelkraut. Das Ergebnis konnte sich durchaus schmecken lassen: Im Idealfall ein zart geschmorter Braten in Sauce mit fein ausbalancierter Säure, die in genau richtiger Konsistenz gerade so dick war, dass sie gut an Kartoffel oder Kloß haften blieb.

SAUERBRATEN

Für 4 Personen

1 Std. Zubereitung
3 Tage Marinieren
2 Std. Schmoren

- **1 kg Rinderschmorbraten (aus der Schulter; möglichst Bioqualität)**
- **2 Zwiebeln**
- **1 TL Pimentkörner**
- **1 TL schwarze Pfefferkörner**
- **1 TL Senfkörner**
- **1 TL Wacholderbeeren**
- **3 Nelken**
- **3 Lorbeerblätter**
- **1 l trockener Rotwein**
- **150 ml Rotweinessig**
- **1 große Möhre**
- **100 g Knollensellerie**
- **2 EL Butterschmalz**
- **1 gehäufter EL Tomatenmark**
- **½ Bund Petersilie**
- **Salz | Pfeffer aus der Mühle**
- **2 TL Zucker (nach Belieben mehr)**

1 Das Fleisch trocken tupfen und in einen großen Gefrierbeutel legen. Für die Marinade 1 Zwiebel schälen und in grobe Würfel schneiden. Piment-, Pfeffer-und Senfkörner, Wacholderbeeren und Nelken in einem Mörser grob zerstoßen. Zwiebelwürfel, Gewürze, Lorbeerblätter, Rotwein und Essig zum Fleisch in den Gefrierbeutel geben. Den Beutel gut verschließen und das Fleisch im Kühlschrank 3 Tage marinieren.

2 Nach 3 Tagen das Fleisch aus der Marinade nehmen und mit Küchenpapier trocken tupfen. Die Marinade durch ein Sieb gießen und auffangen. Die zweite Zwiebel schälen und in grobe Würfel schneiden. Möhre und Sellerie putzen, schälen und in grobe Stücke schneiden.

3 Das Butterschmalz in einem Bräter erhitzen und das Fleisch darin rundum bei mittlerer Hitze ca. 8 Min. anbraten. Zwiebel-, Möhren- und Selleriewürfel dazugeben und 1–2 Min. mit anrösten. Das Tomatenmark hinzufügen und kurz mitbraten. Mit etwas von der aufgefangenen Marinade ablöschen, einkochen und den Bratensatz vom Bräterboden loslösen. Wieder etwas Marinade dazugießen und einmal aufkochen.

4 Dann den Braten mit geschlossenem Deckel bei kleiner Hitze schmoren, dabei nach und nach immer wieder so viel Marinade dazugießen, dass immer ca. 2 cm hoch Flüssigkeit im Bräter steht. Das Fleisch beim Angießen der Marinade hin und wieder wenden. Nach 1 Std. 30 Min. mit einer Fleischgabel in das Fleisch stechen: Lässt sich die Gabel leicht herausziehen, ist der Braten gar. Geht die Gabel nur schwer heraus, das Fleisch noch 30 Min. weiterschmoren.

5 Inzwischen die Petersilie waschen und trocken schütteln, die Blätter abzupfen und fein hacken. Den Braten aus dem Bräter nehmen und abgedeckt warm stellen. Die Sauce durch ein Sieb in einen kleinen Topf passieren. Aufkochen und eventuell etwas einkochen lassen, dann mit Salz, Pfeffer und Zucker abschmecken. Den Braten in Scheiben schneiden, mit Petersilie bestreuen und mit der Sauce servieren. Dazu passen Kartoffeln oder Spätzle.

FAST-TRACK-SAUERBRATEN À LA LEGE

Die Zeiten haben sich geändert. Und mal ganz ehrlich, wer hat heutzutage noch Zeit und Lust sein Sonntagsessen schon Tage im Voraus zu planen, Fleisch tagelang einzulegen und dann ewig in der Küche zu stehen. Trotzdem wäre es jammerschade dieses in ganz Deutschland verbreitete Traditionsgericht einfach sang und klanglos aussterben zu lassen. Besser etwas an der Zubereitung drehen und es so modernisieren, dass möglichst in kürzerer Zeit trotzdem ein zarter Braten in leckerer Sauce auf dem Tisch steht. Schauen wir uns also einmal genauer an, was es für einen Sauerbraten (heute) wirklich braucht!

Früher lieferten im schlimmsten Fall betagte Milchkühe oder müde Klepper, die ein Lebtag Kutschen und Wagen gezogen hatten, das Fleisch. Es stammte traditionell aus der Schulter, die besonders beansprucht und damit entsprechend durchwachsen, muskulös und zäh war. Hier leistete die saure Marinade, die etwa zu gleichen Anteilen aus Essig und Wein bestand, gleich doppelt gute Dienste.

1. *Das Fleisch konnte in der Marinade unter Luftabschluss geschützt gegen schädliche Mikroorganismen einfach durch natürliche Enzymtätigkeit längere Zeit »reifen« und somit bereits vor dem Garen weicher und zarter werden. Das funktioniert allerdings nur in einem Temperaturbereich zwischen 12–14°, also perfekt in einem Keller von einst. In einem heutigen Kühlschrank mit Durchschnittstemperaturen um 6° tut sich dagegen gar nichts: Den für die Reifung von Fleisch zuständigen Enzymen ist es dann schlicht zu kalt und sie können gar nicht erst aktiv werden.*

2. *Die Säure wirkt als zusätzlicher »Zartmacher«, indem sie Proteine im Fleisch denaturiert, das heißt ihre Struktur und ihren Zusammenhalt verändert, und damit das Fleisch weicher und saftiger macht. Dieses Denaturieren von Eiweiß durch Säure kennen wir z. B. gut von der Zubereitung von Ceviche: Das Eiweiß in rohem Fischfleisch, über das Zitronensaft geträufelt wird, denaturiert hier ebenfalls – es wandelt sich sichtbar, von glasig zu weißlich, und erhält eine Konsistenz, als wäre der Fisch durch Hitzeeinwirkung gegart worden.*

Heute stammt allerdings das im Handel befindliche Fleisch fast ausnahmslos von Jungtieren, darf direkt nach der Schlachtung bei unbedenklichen Temperaturen im für seine Reifung optimal gekühlten Schlachthaus chillen und abhängen und ist somit in den seltensten Fällen richtig zäh. Hier wäre eine aggressive Säurebehandlung, die seine Proteine denaturiert, eine wahre Sünde und nur für Zahnprothesenträger empfehlenswert. Zum Konservieren und Zartmachen von Fleisch braucht es das tagelange Einlegen in Marinade heute also nicht mehr. Könnte man womöglich auf diese zeitraubende Prozedur verzichten? »Nein, auf keinen Fall«, werden hier die Hüter des wahren Sauerbratens aufschreien: Erst durch die Beize der Marinade bekommt der Braten doch sein ganz spezifisches Aroma!

ALLES QUATSCH IN SAURER SAUCE

Es stimmt zwar: Die Essigsäure zersetzt das feste Kollagengewebe der Muskelfasern im Fleisch und macht es somit zarter. Gleichzeitig dringen dabei Aromastoffe nach innen ins Gewebe. Das dauert allerdings – mindestens so lange, wie es das traditionelle Einlegen vorsieht, also mehrere Tage. Aber machen wir den Test und legen ein Stück Fleisch eine Woche in eine Sauerbratenmarinade ein.

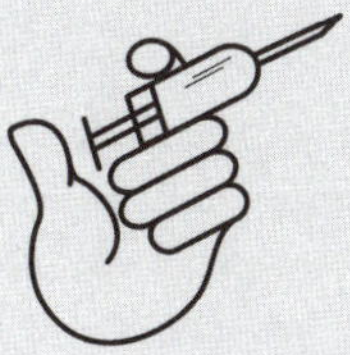

Selbst nach einer Woche dringt die Marinade nicht tiefer als 1 bis 2 cm in das Fleisch ein – das sieht man deutlich und kann es auch fühlen: dort wo es am Rand verfärbt ist, ist es auch deutlich weicher. Dann ist aber Ende im Gelände, mehr geht nicht. Daraus können wir drei Rückschlüsse ziehen:

1. *Wenn wir unser Fleisch mittels Marinade durchgängig beizen wollen, müssen wir es in kleinere Stücke schneiden, in die die Marinade tiefer eindringen kann – das gibt dann aber eher Sauergulasch statt Sauerbraten.*

2. *Wir gestehen uns ein, dass die Marinade eher wenig bringt – damit sie tiefer ins Fleisch einzieht, könnten wir aber unser Bratenfleisch mit einer Injektionsspritze »dopen«.*

3. *Wir sparen uns das ganze langwierige Einlegen, nehmen ein schönes, zartes Stück Rindfleisch und bereiten die Sauce einfach separat zu!*

Und genau das ist mein Vorschlag für den Fast-Track-Sauerbraten, der sich in wesentlich kürzerer Zeit, ohne tagelanges Einlegen realisieren lässt: Das Fleisch wird in ein Sauerbratengewürzmäntelchen gehüllt, dann ganz langsam und sacht bei Niedriggartemperatur im Wasserbad pochiert und bleibt so supersaftig und wird butterzart. Und die Sauce? Die köchelt extra in einem Topf und kann so ganz nach Wunsch mehr oder weniger eingekocht werden – am besten gerade so, dass sie gut an der Beilage, z. B. dem Kloß, haftet.

FAST-TRACK-SAUERBRATEN À LA LEGE

Für 4 Personen

30 Min. Zubereitung
6 Std. Garen

- **2 Pck. Sauerbratenggewürz (aus dem Supermarkt)**
- **Salz**
- **1,5 kg falsches Filet vom Rind (Schulterfilet; möglichst Bioqualität)**
- **2 große Zwiebeln**
- **2 Äpfel (z. B. Boskop)**
- **¼ Stange Staudensellerie**
- **2 EL neutrales Pflanzenöl**
- **2 EL Tomatenmark**
- **200 ml Rotwein**
- **200 ml Aceto balsamico**
- **500 ml Rinderfond (aus dem Glas)**
- **100 g Zartbitter-Schokolade (z.B. 1 kleiner Schoko-Hase oder -Weihnachtsmann)**
- **Pfeffer aus der Mühle**
- **50 g kalte Butter**

Außerdem

- **Backpapier, Frischhaltefolie, Alufolie**

MEHR ALS SÜSS

Rosinen oder nicht? Was genau in die Sauce kommt, darüber lässt sich trefflich streiten. So sehr, dass 2002 im Vogtland sogar ein Gericht darüber entscheiden sollte, was einen Braten zum wahren Sauerbraten macht. Das Urteil steht bis heute aus. Mein Vorschlag daher: Den übrig gebliebenen Schoko-Weihnachtsmann oder Osterhasen in die Sauce rühren. Das bringt nicht nur schöne Süße als Gegengewicht zur Säure, sondern sorgt für cremige Konsistenz der Sauce und bindet sie ähnlich wie Lebkuchen oder Printen.

1 Das Sauerbratengewürz in einer Pfanne ohne Fett leicht rösten und anschließend im Mörser fein zerstoßen. Etwas Salz untermischen. Das Fleisch trocken tupfen und rundum mit der Gewürzmischung einreiben.

2 Das Fleisch fest in ein ausreichend großes Stück Backpapier einschlagen und anschließend wie ein Bonbon in Frischhaltefolie wickeln. Die Folie an den beiden Enden jeweils wie Bonbonpapier eindrehen. Das Ganze dann ebenfalls wie ein Bonbon in Alufolie wickeln und auch deren Enden eindrehen.

3 Die Fettpfanne des Backofens mit Wasser füllen und die Fleischrolle hineinlegen. Die Fettpfanne in den Backofen (Mitte) schieben und den Ofen auf 50° Ober-/Unterhitze einschalten. Das Fleisch 6 Std. garen.

4 Inzwischen die Zwiebeln schälen. Die Äpfel waschen und nach Belieben schälen, dann vierteln und die Kerngehäuse herausschneiden. Den Sellerie putzen und waschen. Zwiebel, Apfelviertel und Sellerie in Würfel mit ca. 3 mm Kantenlänge schneiden.

5 Das Öl in einer Pfanne erhitzen und Zwiebel-, Apfel- und Selleriewürfel darin bei starker Hitze rundum anrösten. Das Tomatenmark dazugeben und kurz mitrösten. Ein Drittel vom Rotwein angießen und unter Rühren komplett verkochen lassen. Dann ein weiteres Drittel dazugeben und ebenfalls komplett verkochen lassen. Den restlichen Rotwein dazugeben und verkochen lassen. Mit Aceto balsamico ablöschen und den Rinderfond hinzufügen. Alles einmal aufkochen und sämig einköcheln lassen. Die Schokolade unterrühren und in der Sauce schmelzen. Die Sauce mit Pfeffer würzen und zum Schluss die kalte Butter einrühren.

6 Das Fleisch aus dem Ofen nehmen, auswickeln, in Scheiben schneiden und mit der Sauce servieren. Dazu passen Kartoffeln.

SCHWEINEKRUSTENBRATEN EIN ECHTER KRACHER

Auch wenn Herr Lehmann in Sven Regers gefeiertem, gleichnamigem Roman meint, dass »die Kruste allgemein überschätzt wird«, gilt gerade sie gemeinhin als Maß für einen gelungenen Schweinebraten – zumindest in jedem bayrischen Wirtshaus, das etwas auf sich hält. Braten ohne die üblichen Beilagenknödel und Krautsalat mag ja vielleicht noch angehen, aber ohne Kruste? Das wäre ja in etwa so wie Oktoberfest ohne Bier.

Apropos Bier, das gehört im Regelfall auch zum Krustenbraten: In Form von Dunkelbier, das der Sauce ihr tiefes, intensives Aroma gibt, und notfalls auch als Weißbier zum fertigen Braten, sollte der zu trocken geraten sein. Einen Schnaps danach schätzen ebenfalls viele, weil so ein Schweinsbraten ganz schön schwer im Magen liegen kann. Kein Wunder, sein legendäres »Krusterl« ist nämlich nichts anderes als eine übel dicke Fettschwarte. Je nach Können des Kochs hält sie das Fleisch im Idealfall schön saftig und wird selbst karamellbraun und krachend knusprig. Im schlimmsten Fall schwimmt aber am Ende ein trockenes Fleischstück mit mehr oder weniger wabbelig fetter Ummantelung in einer dünnen Sauce. Fürs Gelingen hat jeder bayerische Koch sein eigenes Geheimrezept. Damit Schweinebraten auch jenseits des Weißwurstäquators gelingt, braucht es vor allem etwas Geduld und ein paar gute Tricks. Also, Obacht – dann klappt es am Ende auch mit der röschen Kruste.

SCHWEINEKRUSTENBRATEN

Für 4 Personen

30 Min. Zubereitung
2 Std. 45 Min. Garen und Ruhen

- **2 Knoblauchzehen**
- **Salz**
- **Pfeffer aus der Mühle**
- **½ TL gemahlener Kümmel**
- **½ TL edelsüßes Paprikapulver**
- **1 Schweinebraten mit Schwarte (ca. 1,2 kg, z. B. Schulter oder Nacken; möglichst Bioqualität)**
- **2 Zwiebeln**
- **2 Möhren**
- **¼ Sellerieknolle**
- **1 Stange Lauch**
- **1 Tomate**
- **500 g Fleischknochen (oder Spareribs, in Stücken)**
- **ein paar Stängel Petersilie**

1 Den Knoblauch schälen, durchpressen und mit Salz, Pfeffer, Kümmel und Paprika mischen. Die Fleischseite des Bratens damit einreiben. Den Backofen auf 180° Ober-/Unterhitze vorheizen. Den Braten mit der Schwarte nach unten in einen großen Bräter legen. 250 ml Wasser aufkochen und in den Bräter gießen. Den Braten im Ofen (Mitte) 30 Min. garen.

2 Inzwischen die Zwiebeln, die Möhren und den Sellerie putzen, schälen und in Würfel mit ca. 1 cm Kantenlänge schneiden. Den Lauch putzen, der Länge nach aufschneiden, waschen und in grobe Stücke schneiden. Die Tomate waschen und vierteln, dabei den Stielansatz entfernen. Die Knochen oder Spareribs mit einem feuchten Tuch abwischen. Die Petersilie waschen und trocken tupfen.

3 Den Braten aus dem Ofen nehmen und mit der Schwarte nach oben auf ein Küchenbrett legen. Die Schwarte mit einem sehr scharfen Messer rautenförmig einschneiden, jede Raute mit ca. 1 cm Kantenlänge. Das Fleisch mit der Schwarte nach oben wieder in den Bräter legen. Gemüse, Knochen oder Spareribs und die Petersilie daneben verteilen. Den Braten weitere 2 Std. garen, dabei immer wieder mit der Flüssigkeit aus dem Bräter begießen.

4 Den Braten aus dem Bräter nehmen und auf den Rost (mit der Fettpfanne darunter) legen. In einem Schälchen 1 EL warmes Wasser mit 1 TL Salz verrühren, die Schwarte damit einpinseln. Den Backofengrill einschalten. Den Braten nochmals ca. 5 Min. in den Ofen schieben und die Schwarte knusprig werden lassen. Den Ofen ausschalten. Den Braten in Alufolie wickeln und 10 Min. im Ofen ruhen lassen.

5 Die Sauce durch ein Sieb in einen Topf gießen, dabei das Gemüse ausdrücken. Die Sauce mit Salz und Pfeffer abschmecken. Den Braten in Scheiben schneiden und mit der Sauce servieren. Dazu passen am besten Knödel.

LEGES POP-UP-KRUSTENBRATEN

Die Herausforderung beim Schweinebraten liegt in doppelter Hinsicht in der Kruste: Für eine möglichst dünne, krachige Kruste braucht es längere Garzeiten und hohe Temperaturen, in der ein Großteil an Fett und Bindegewebe, aus dem die Schwarte fast ausschließlich besteht, schmelzen kann. Große Hitze schadet wiederum dem wesentlich magereren, kollagenärmeren Bratenfleisch: Es wird bereits in wesentlich kürzerer Zeit trocken und bräuchte vielmehr eine Schonbehandlung, etwa durch sanftes Niedrigtemperaturgaren. Was hilft uns nun bei diesem Dilemma? Eine einfache Zwei-Stufen-Garung!

Für Krustenbraten braucht es neben der fetten Schwarte vor allem auch ein Fleisch, dass ebenfalls nicht zu mager, sondern schön gemasert ist. Ideal ist hier ein Schulterstück – auch Bug genannt – das mit ordentlich Fett (durchschnittlich gut 10 Prozent) durchzogen ist. Das hilft, abgesehen von der Schwarte, das Fleisch auch bei längerem Garen saftig zu erhalten.

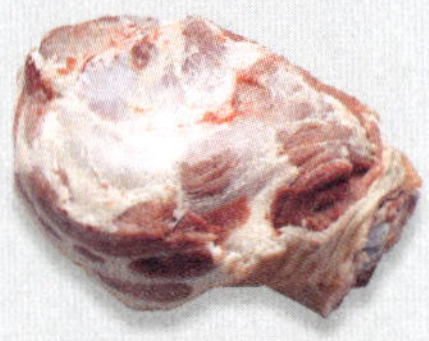

1. *Der Braten wird zunächst mit der Schwarte nach unten in wenig Wasser vorgegart. Das heiße Wasser – es reichen bereits ca. 65° – löst aus den langen, stark verflochtenen Kollagenverbindungen kurze, wasserlösliche Eiweißverbindungen: die Gelatine. Die in rohem Zustand feste Schwarte wird dadurch richtig weich und lässt sich anschließend mühelos einschneiden. Das Einschneiden ist wichtig, denn beim anschließenden Garen zieht sich die Schwarte zusammen – mehr als der Braten darunter – und würde dabei sonst unkontrolliert aufplatzen.*

2. *Trockene Hitze reicht nun im Prinzip, um das Kollagen der Schwarte vollständig zu denaturieren und sie trocken und knusprig zu bekommen. Das braucht aber Zeit, in der das Fleisch schlimmstenfalls knochentrocken wird. Die Schwarte muss also schneller »trocken gelegt« werden. Das gelingt paradoxerweise durch Begießen mit salzigem Bratensud bzw. noch besser durch Bepinseln mit Salzwasser: Das in der Flüssigkeit gelöste Salz entzieht der Schwarte in einem osmotischen Prozess (s. S. 54) Wasser, und befördert es nach außen, wo es in der Ofenhitze rasch verdunstet.*

Ausgerechnet Flüssigkeit sorgt also für eine schön trockene und damit knusprige Schweinebratenschwarte – allerdings nur dann, wenn sie ausreichend salzig ist. Wer allerdings zu viel oder zu oft Garsud oder Bier über seinen Braten kippt, erreicht den gegenteiligen Effekt: Die Schwarte bleibt weich. Gegen Garzeitende sollte darum Schluss mit dem regelmäßigen Begießen zwischendurch sein: Das restliche Bier dann also besser selber trinken. Als großes Finale hilft jetzt vielmehr – wie hier im Rezept – etwas Salzwasser und das Übergrillen bei großer Hitze. Manche Köche schätzen hier auch eine Mischung aus Salz und Zucker, die in einer Maillard-Reaktion (s. S. 66) bei großer Hitze für einen zusätzlichen schönen Karamellton und noch mehr Röstaroma in der Schweinebratenkruste sorgt.

BIS(S) DIE SCHWARTE KRACHT

Mega-Knusperkruste und trotzdem butterzarter, saftiger Braten? Damit das klappt gibt's einen indisch-kantonesischen Fusions-Braten à la Lege: Joghurtmarinade nach Tandoori-Art macht das Fleisch zart (s. S. 79, Lammschulter), eine dicke China-Style-Salzkruste sorgt schon mal für Kruste und meine Wunderzutat Backpulver lässt die Schwarte zum Superkracher werden.

Für eine krosse Kruste muss der Schwarte durch Salz viel Wasser entzogen werden. In China packt man daher fetten Schweinebauch mit Schwarte unter eine dicke Salzkruste und übergrillt ihn am Ende kurz ohne Salzdeckel. Mein Rezept reizt diesen Effekt aus und erweitert ihn um den Lege-Pop-up-Faktor.

1

24 Stunden ruht die Schwarte auf dem Salzbett: genug Zeit, in der ihr das Salz durch Osmose jede Menge Wasser entziehen kann und die Säure der Marinade das Fleisch zusätzlich zart macht (s. S. 79, Lammschulter).

2

Beim anschließenden Garen bei Niedrigtemperatur wird durch das Salz noch mehr Wasser aus der Schwarte gezogen, ohne dass das Fleisch durch hohe Hitze trocken wird.

3

Natron aus dem Backpulver wirkt wie schwache Lauge, die Proteine und Fett in der Schwarte denaturiert und das Austrocknen beschleunigt bzw. verstärkt.

Die Kruste ist also nach der Behandlung mit Backpulver und folgender Ruhe bereits »ausgetrocknet«, das enthaltene Kollagen entspannt und gelockert. Beim Garen bei hoher Temperatur reagiert das alkalische Natron dann mit den gelockerten Fett- und Eiweißmolekülen und beschleunigt die einsetzende Maillard-Reaktion: Die Kruste bräunt schneller, wird aromatisch und knusprig. Mehr als knusprig: Das Backpulver lässt die Feuchtigkeit im Inneren quasi nach außen explodieren – wie Popcorn poppt die Kruste in vielen Knusperbläschen auf.

SCHWEINEBRATEN MIT POP-UP-EFFEKT

Für 4 Personen

1 Std. Zubereitung
25 Std. 30 Min. Kühlen und Ruhen
ca. 3 Std. Garen

- **1 mittelgroße Zwiebel**
- **2 Knoblauchzehen**
- **2 EL mittelscharfer Senf**
- **abgeriebene Schale von 1 Bio-Zitrone**
- **1 EL grob geschroteter Pfeffer**
- **4 EL neutrales Pflanzenöl**
- **1 EL griechischer Joghurt (10 % Fett)**
- **1 EL Steinsalz**
- **frisch geriebene Muskatnuss**
- **2 kg Schweineschulter (Krustenbraten; möglichst Bioqualität)**
- **250 g grobes Meersalz**
- **1 EL Backpulver**

Außerdem

- **1 Schaschlikspieß**
- **Kräuterblätter (z. B. Petersilie; nach Belieben)**

1 Die Zwiebel und den Knoblauch schälen, aus dem Knoblauch den Keimling entfernen. Zwiebel und Knoblauch fein schneiden und mit Senf, Zitronenschale, Pfeffer, Öl, Joghurt, Steinsalz und 1 Prise Muskatnuss zu einer Paste verrühren.

2 Den Schweinebraten auf der Fleischseite mehrmals 0,5 cm tief einschneiden, sodass Quadrate mit ca. 5 cm Kantenlänge entstehen. Die Fleischseite gleichmäßig mit der Paste einreiben, dabei darf keine Marinade auf die Schwarte kommen.

3 Das grobe Meersalz in eine flache ofenfeste Form geben und den Braten mit der Schwartenseite nach unten darauflegen. Offen 24 Std. in den Kühlschrank stellen.

4 Den Schweinebraten aus dem Kühlschrank nehmen und 1 Std. bei Raumtemperatur stehenlassen. Den Backofen auf 150° Umluft vorheizen. Den Schweinebraten im Ofen (Mitte) 2 Std. 30 Min. garen.

5 Den Schweinebraten aus dem Ofen und der Form nehmen, das Meersalz entfernen. Den Braten mit der Fleischseite nach unten zurück in die Form legen und die Schwarte mit dem Schaschlikspieß gleichmäßig im Abstand von 0,5 cm einstechen. Die Schwarte mit dem Backpulver einreiben und den Schweinebraten 30 Min. bei Raumtemperatur stehenlassen.

6 Die Ofengrill auf 160° einstellen und den Braten in ca. 35 Min. fertig garen, bis die Schwarte schön gebräunt und knusprig ist. Den Braten in Scheiben schneiden und mit Kräuterblättchen, z. B. Petersilie, garnieren. Dazu passen Kartoffelklöße.

INNEN ZART, AUSSEN SUPERKNUSPRIG

Durch die Milchsäurebakterien des Joghurts – inspiriert von der indischen Tandoori-Küche – wird das Fleisch schön zart und saftig. Weiteren Effekt hat die Zubereitungsart nach kantonesischem Verfahren, welches eine luftig-lockere und krosse Schwarte verspricht.

RINDERROULADEN
GAR NICHT SCHIEF GEWICKELT

Oh Zeiten, oh Sitten: Als Lieblingsgericht in deutschen Kantinen rangiert schon seit Jahren Currywurst mit Pommes auf Platz eins. Liest man dagegen die Speisen-Hitliste der Kantinen deutscher Altersheime stehen hier nach wie vor unangefochten Rinderrouladen mit Salzkartoffeln auf dem obersten Rang. Ja früher, da galten Rouladen noch als Inbegriff guter deutscher Hausmannskost, die sonntags wechselweise in Konkurrenz zu großen Braten auf dem Tisch standen. Doch heute?

Handelt es sich bei den lange geschmorten Rollen aus dünnem Rindfleisch, die je nach Region mit Zwiebel, Speck, Essiggürkchen, manchmal auch Möhrenstreifen oder Mett gefüllt sind, etwa um ein nach und nach aussterbendes Gericht? Einen kulinarischen Dinosaurier, der dem langsamen Vergessen geweiht ist? Ja, vielleicht sind Rouladen ähnlich im Verschwinden begriffen, wie die wunderbaren Großmütter, die es noch verstanden, sie richtig zuzubereiten. Wo sind sie noch zu finden, diese entzückenden alten Damen mit fein ondulierten Dauerwellen in Weiß oder Zartflieder, die sich aufs Belegen, Rollen, Fixieren und Zubereiten von Rouladen ebenso verstanden wie auf eine perfekt wicklergelegte Frisur? Nichts gegen Omas (und Opas) von heute, die ihre Enkel auch mal mit einem Fertiggericht glücklich machen. Auch ein pflegeleichter Haarschnitt sei ihnen gegönnt – aber Rouladen, die sollten wir nicht aussterben lassen! Drum heißt es: Selber Rollen und die Omas einladen, liebe Enkel!

RINDERROULADEN

Für 4 Personen

45 Min. Zubereitung
1 Std. 30 Min. Schmoren

- 2 Gewürzgurken
- 2 Zwiebeln
- 1 Bund Suppengrün
- 4 Rinderrouladen (à 150–175 g; möglichst Bioqualität)
- Salz
- Pfeffer aus der Mühle
- 4 TL Dijonsenf
- 8 dünne Scheiben geräucherter Bauchspeck
- 1 EL Weizenmehl (Type 405)
- 2 EL Butterschmalz
- 1 EL Tomatenmark
- 150 ml Rotwein (ersatzweise Wasser)
- 2 EL Aceto balsamico (nach Belieben)

Außerdem

- Rouladennadeln oder Küchengarn

1 Die Gewürzgurken längs vierteln. Die Zwiebeln schälen und halbieren. 1 Zwiebel in dünne Scheiben schneiden, die zweite Zwiebel in Würfel mit 1 cm Kantenlänge schneiden. Die Petersilie aus dem Suppengrün waschen und trocken schütteln, die Blättern abzupfen und fein hacken. Das Suppengemüse waschen und putzen bzw. schälen und ebenfalls in 1 cm große Würfel schneiden.

2 Die Rindfleischscheiben zwischen Frischhaltefolie legen und mit einem Fleischklopfer oder einem kleinen Stieltopf sanft, aber bestimmt, ca. 3 mm dünn flach klopfen. Die Fleischscheiben auf beiden Seiten mit Salz und Pfeffer würzen und nebeneinander auf der Arbeitsfläche auslegen. Jeweils dünn mit 1 TL Senf bestreichen, je 2 Speckscheiben der Länge nach darauflegen und mit den Zwiebelstreifen und der Petersilie bestreuen. Je 2 Gurkenviertel quer an ein schmales Ende jeder Fleischscheibe legen. Die Längsränder etwas nach innen einschlagen und die Fleischscheiben von der mit Gurken belegten Schmalseite her eng zu Rouladen aufrollen. Mit Rouladennadeln fixieren oder mit Küchengarn zusammenbinden.

3 Die Rouladen mit wenig Mehl bestäuben. 1 EL Butterschmalz in einem Schmortopf erhitzen und die Rouladen darin bei mittlerer Hitze rundum leicht braun anbraten, dann herausnehmen. Übriges Schmalz (1 EL) im Topf zerlassen und das Suppengemüse mit den Zwiebelwürfeln darin in 5 Min. goldbraun anbraten. Das Tomatenmark unterrühren und 1 Min. mitrösten. Mit Rotwein und nach Belieben mit Essig ablöschen.

4 Die Rouladen wieder in den Topf legen und ca. 400 ml Wasser angießen, sodass die Rouladen nicht ganz von Flüssigkeit bedeckt sind. Die Rouladen mit geschlossenem Deckel bei kleiner Hitze ca. 1 Std. 30 Min. sanft schmoren, währenddessen zwischendurch ab und zu wenden.

5 Die Rouladen aus der Sauce heben. Die Sauce entweder so weiterverwenden oder durch ein feines Sieb in einen zweiten Topf gießen, dabei das Gemüse mit einem Löffel ausdrücken oder durch das Sieb passieren. Die Sauce nochmals aufkochen und mit Salz und Pfeffer abschmecken. Die Rouladen mit der Sauce servieren. Dazu passt Kartoffelpüree.

ROULADEN GUT IN FORM

Ein Grund dafür, dass Rouladen ähnlich wie bestimmte Dauerwellenfrisuren aus der Mode gekommen zu sein scheinen, dürfte darin begründet liegen, dass sie ebenso schwer in Form zu bekommen und zu halten sind. Das Fleisch muss erst ordentlich platt gemacht werden, damit anschließend ausreichend Füllung hineingepackt werden kann. Straffes Wickeln bzw. Aufrollen hält das kunterbunte Innenleben dann vielleicht eben noch zusammen, aber spätestens beim Fixieren des Fleisches mit Spießen, speziellen Rouladennadeln oder -klammern oder dem Binden mit Küchengarn straucheln die meisten.

Für Rouladen braucht es ein Stück Rindfleisch, dass in möglichst gleichmäßig dicke, ausreichend große Scheiben geschnitten werden kann. Ideal sind hier große Stücke aus der Keule, die mager, zart und feinfaserig sind. Darum sollte man sie auch auf keinen Fall zu lange mit dem Fleischklopfer traktieren und, falls vorhanden, besser ein Plattiereisen nehmen, das die Fasern weniger zerfetzt.

1. *Rouladenfleisch ist an sich meist zart und mager; ordentlich flach geklopft hat es eine extrem große Fläche, auf der ungleich mehr Flüssigkeit verdunsten kann, als auf einem dicken Stück Fleisch. Rouladen werden daher schnell zu trocken und brauchen eine extra Feuchtigkeitsbehandlung: Nicht zu magerer Speck oder fettreiches Mett sind daher beliebte Füllmittel, die das Fleisch von innen feucht halten. Essiggurke gibt nicht nur Aroma, sondern trägt durch leichte Säurewirkung zusätzlich dazu bei das Fleisch zarter zu machen.*

2. *Das Mehlieren vor dem Anbraten ist dreifach sinnvoll: zum einen verbindet sich der austretende Fleischsaft sofort mit dem Mehl und bildet eine Schutzschicht ums Fleisch (s. S. 13, Gulasch), es trocknet weniger aus. Zum anderen reagieren die Kohlenhydrate des Mehls mit dem Eiweiß des Fleisches in einer Maillard-Reaktion – es bräunt und entwickelt Röstaroma. Zugleich wird beim Anbraten in Fett Stärke im Mehl aufgeschlossen, es schmeckt nicht mehr mehlig und bindet Flüssigkeiten besser – die Sauce wird sämiger als beim Binden mit Stärke bei Garzeitende.*

Beim Anbraten der Rinderrouladen braucht es etwas Fingerspitzengefühl, vor allem was die richtige Temperatur angeht: Sie sollte nicht zu hoch sein, sonst verbrennt das Fleisch und vor allem das daraufgestäubte Mehl. Sie sollte aber auch keinesfalls zu niedrig sein, damit nicht zu viel Fleischsaft austreten kann. Denn ist der einmal draußen, ist er unweigerlich weg bzw. in der Sauce. Das Fleisch kann dann auch keine Flüssigkeit mehr von der umgebenden Garflüssigkeit, der späteren Sauce, aufnehmen (s. S. 78), sondern lediglich deren Aromen – die Rouladen würden weniger saftig, schlimmstenfalls sogar trocken. Die Sauce hat hier ganz ordentliche Drehzahlen – aber der Rotwein gibt ihr nicht nur richtig Drive für Oma und Opa, sondern sorgt auch für eine ausgewogene Säurenote und einen schönen Farbton.

HALTEN BEI JEDEM WETTER

Gegen gut gerollte Rouladen spricht im Prinzip nichts. Sind sie aber schon halb zu Hackfleisch geklopft, krumm und schief gewickelt und zusätzlich mit Spießen zerlöchert, werden sie trocken und zäh – oder müssen stundenlang gekocht werden, bis sie zerfallen und nach gar nichts mehr schmecken. Bei mir entfällt das große Hauen, Wickeln und Stechen: es wird sanft geklopft, gerollt und gegart.

Auch an der Füllung habe ich etwas gedreht, um sie einfacher einwickeln zu können. Mit einer kompakten, sich flexibel direkt ans Fleisch anschmiegenden Mettfülle gibt es gleichmäßige Rouladen, die bei niedrigen Temperaturen im Wasserbad superzart garen und bei denen niemand verzweifeln muss.

1. *Ordentlich fettes Wurstbrät bringt noch mehr Feuchtigkeit und zusätzliches Aroma von innen in die Rouladen. Wie Kitt hält es das Fleisch mit den Füllungszutaten zusammen und den Saft im Fleisch.*

2. *Frischhaltefolie bringt die Rouladen in gleichmäßige Form, Backpapier isoliert gegen zu viel Hitze und Alufolie drumherum leitet und verteilt die Wärme gleichmäßig nach innen.*

3. *Die Rouladen »pochieren« länger und gleichmäßiger bei niedrigerer Hitze im Wasserbad statt kurz bei größerer Hitze zu schmoren – sie bleiben saftig und zart.*

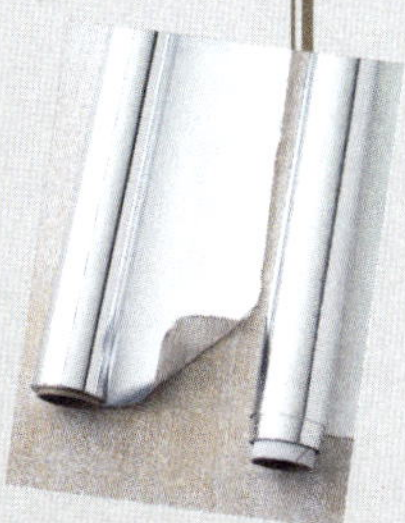

Das röstige Ende bei meinen Rouladen kommt erst zum Schluss: Beim kurzen Frittieren gewinnen sie durch eine extrem beschleunigt ablaufende Maillard-Reaktion Röstaromen und Farbe, ohne dabei Saft einzubüßen. Die Sauce verliert durch separates Einkochen ihren starken Weingeschmack: Wird nur Wein eingekocht, verdunstet mehr Alkohol (rund achtmal so viel) als beim gemeinsamen Einkochen von Wein und Brühe oder Wasser – Einlagen wie die Rouladen absorbieren zusätzlich Alkohol, halten so also mehr Schwips in der Sauce.

RINDERROULADEN À LA LEGE

Für 4 Personen

1 Std. Zubereitung
9 Std. 50 Min. Garen

- 4 Rinderrouladen (à 150–175 g; möglichst Bioqualität)
- 3 große Zwiebeln
- 2 große Gewürzgurken
- Salz
- Pfeffer aus der Mühle
- 2 EL mittelscharfer Senf
- 8 Scheiben Frühstücksspeck
- 4 frische Bratwürste (nach Belieben fein oder grob)
- 150 g kalte Butter
- 1 EL Tomatenmark
- 250 ml Rotwein
- 1 l Rinderfond (aus dem Glas)
- 200 ml neutrales Pflanzenöl

Außerdem

- Frischhaltefolie, Backpapier und Alufolie (à ca. 1 m lang)

1 Die Rouladen auf einem Küchenbrett und mit einem Fleischklopfer sanft auf die gleiche Dicke klopfen, sodass eine große Oberfläche entsteht und man die Seiten einschlagen kann, damit die Füllung nicht ausläuft. 2 Zwiebeln schälen und in Streifen schneiden. Die Gurken längs in dünne Scheiben schneiden. Das Fleisch mit Salz und Pfeffer würzen, mit Senf bestreichen und mit je 2 Scheiben Speck belegen. Die Zwiebelstreifen und die Gurkenscheiben darauf verteilen. Von den Bratwürsten jeweils die Darmhülle entfernen. Je 1 Wurst mittig flach auf die Füllung der Rouladen drücken. Die langen Seiten der Rouladen nach innen einschlagen. Die Rouladen so fest wie möglich aufrollen.

2 Auf der Arbeitsfläche ein 1 m langes Stück Frischhaltefolie ausbreiten. Die Roulade nebeneinander mittig auf die Folie legen und wie ein Bonbon fest in die Folie einwickeln. Die Rouladen-Schlange an beiden Enden der Folie festhalten und immer wieder nach vorne rollen, bis Spannung auf den Rouladen entsteht. Anschließend die Rouladen-Schlange auf die gleiche Weise in Backpapier und zum Schluss in Alufolie wickeln. Den Backofen auf 50° Umluft vorheizen, dabei ein mit Wasser befülltes Gefäß, in das die Rouladen-Schlange passt, mit vorheizen. Die Rouladen-Schlange in das Wasser geben und im Ofen (Mitte) 8 Std. 50 Min. sanft garen.

3 Die übrige Zwiebel schälen und in so feine Würfel wie möglich schneiden. 50 g Butter in einem Topf zerlassen und die Zwiebeln darin anschwitzen, bis sie eine goldene Farbe bekommt. Das Tomatenmark hinzufügen und 5 Min. mit anschwitzen. Mit Rotwein ablöschen und einkochen lassen, bis eine Paste entsteht. Den Rinderfond angießen und alles offen bei mittlerer Hitze 1 Std. köcheln lassen. Die übrige Butter (100 g) in Würfel schneiden und mit dem Pürierstab in die Sauce einarbeiten.

4 Die Rouladen-Schlange aus dem Ofen nehmen, die Rouladen auswickeln und trocken tupfen. Das Öl in einem kleinen Topf erhitzen und die Rouladen nacheinander einzeln darin rundum kross braten. Auf Küchenpapier abtropfen lassen, in den Topf mit der Sauce geben und bei kleiner Hitze 1 Std. simmern lassen. Zwischendurch immer wieder mit Sauce übergießen. Zum Servieren auf Teller verteilen. Als Deko passen Kräuterblätter, z. B. hübsch gemaserter Blutampfer, und grob gemahlener Pfeffer.

BEILAGEN-TIPP

Dazu schmeckt grober Kartoffel-Möhren-Stampf. Dafür je 500 g geschälte und in Stücke geschnittene Kartoffeln und Möhren zusammen in wenig Salzwasser weich garen. Anschließend mit einem Kartoffelstampfer zerstampfen, dabei ca. 2 EL Butter und warme Milch je nach gewünschter Konsistenz unterarbeiten. Mit 1 Prise Muskatnuss würzen.

STEAK
NICHT NUR FÜR HARTE KERLE

Im Prinzip ist es nicht mehr als ein Stück gebratenes Fleisch. Trotzdem, beim Thema Steak geraten Barbecue-Fans in Ekstase und Hobbyköche in Streit. Man muss ein »Beefsteak« dabei gar nicht gleich zum nationalen Symbol erklären, wie es der französische Ethnologe Claude Lévi-Strauss in seinen »Mythen des Alltags« getan hat, oder es gar zum goldenen Kalb machen, wie jüngst ein französischer Fußballprofi. Aber: Dieses Stück Fleisch scheint etwas ganz Besonderes zu sein.

Auf den Punkt gebraten oder besser noch »blutig« – ein großes Steak gilt als Gericht für richtige Kerle, die es ursprünglich, echt und unverfälscht lieben, die bereits wenig Salz als unnötiges Chichi abtun, dafür aber jede Menge Sachverstand und Kennerschaft bei der Zubereitung für erforderlich halten. Und in der Tat, es ist gar nicht so einfach, das Fleisch perfekt zu garen: mit möglichst intensivem Geschmack, außen aromatisch kross gebraten, aber innen noch zart und voller Saft.

Um die richtige Zubereitung des perfekten Steaks ranken sich deshalb ebenso viele Mythen wie um das Gericht selbst. Deshalb ist es Zeit hier einmal etwas aufzuräumen, zu sortieren und auch den Mythos ums Können oder Nichtkönnen zu entzaubern. Fakt ist: Ein ordentliches Steak braten kann jedermann – und jede Frau. Und ist das Fleisch dann erst einmal perfekt gebraten und saftig, dann werden es ganz sicher alle Fleischliebhaber genießen – ganz gleichberechtigt!

STEAK

Für 6 Personen

45 Min. Zubereitung

Für die Steaks

- 1 Stück Ingwer (ca. 1 cm lang)
- 3 Knoblauchzehen
- 1 rote Chilischote
- 6 Zweige Thymian
- 6 Zweige Rosmarin
- 250 ml Olivenöl
- 6 Scheiben Entrecote (je 2 cm dick; möglichst Bioqualität)
- 900 g Kirschtomaten
- 3 EL Sonnenblumenöl
- Salz
- Pfeffer aus der Mühle

Für die Knoblauchbutter

- 200 g Butter
- ½ TL Steak-Gewürzmischung
- 3 Knoblauchzehen
- 1 EL Zitronensaft
- Salz
- Pfeffer aus der Mühle

1 Für die Marinade den Ingwer und den Knoblauch schälen und in Scheiben schneiden. Die Chilischote längs halbieren, von den Kernen befreien, waschen und in feine Streifen schneiden. Jeweils 3 Zweige Thymian und Rosmarin waschen und trocken schütteln, die Blättchen bzw. Nadeln von den Stielen streifen. Ingwer, Knoblauch, Chili, Thymianblättchen und Rosmarinnadeln in einer Schüssel mit dem Olivenöl verrühren. Die Fleischscheiben hineingeben, alles vermischen und abgedeckt im Kühlschrank bis zur Verwendung marinieren.

2 Für die Knoblauchbutter die Butter in kleine Stücke schneiden, in eine Schale geben, bei Raumtemperatur weich werden lassen und dann mit der Steak-Gewürzmischung verrühren. Den Knoblauch schälen, durch eine Knoblauchpresse dazudrücken und alles gut vermischen. Die Knoblauchbutter mit Zitronensaft, Salz und Pfeffer abschmecken und zugedeckt in den Kühlschrank stellen, eventuell zuvor in sechs Portionsschälchen füllen.

3 Den Backofen auf 180° Ober-/Unterhitze vorheizen. Inzwischen für die Steaks die Tomaten waschen und auf einem Backblech mit dem Sonnenblumenöl sowie etwas Salz und Pfeffer mischen. Im Ofen (Mitte) in ca. 15 Min. gar ziehen lassen.

4 Die übrigen Thymian- und Rosmarinzweige (je 3 Zweige) waschen und trocken schütteln, die Zweige etwas kleiner zupfen. Eine ofenfeste Grillpfanne stark erhitzen. Die Entrecotes aus der Marinade nehmen und das Öl etwas vom Fleisch abstreifen. Die Steaks portionsweise in der Pfanne von beiden Seiten je ca. 2 Min. scharf anbraten, aus der Pfanne nehmen und warm halten. Die Kräuterzweige in die Pfanne geben, die Steaks darauflegen und in der Pfanne im Ofen ca. 5 Min. nachziehen lassen, um sie medium auf den Tisch zu bringen.

5 Die Steaks zusammen mit den Tomaten direkt in der Pfanne servieren, nach Belieben mit Salz und Pfeffer übermahlen. Die Knoblauchbutter dazu reichen.

LEGES PERFEKTES STEAK

Im Restaurant ist ein auf den Punkt gebratenes Steak Standard: Hier hat man mindestens die Wahl zwischen »rare« (»blutig«), »medium« und »well done«, also durchgebraten, je nach Güte des Lokals noch mit den Zwischenstufen »medium rare« und »medium well«. Entscheidend für den jeweiligen Gargrad ist dabei die Kerntemperatur im Inneren des Steaks. Zuhause lässt sich der Garpunkt nur mittels altbekannter Fingerprobe oder durch ein Bratenthermometer ermitteln. Aber auch ohne Fingerspitzengefühl und Thermometer hat man die Chance ein optimal saftiges Steak zu braten – dazu braucht es im Prinzip wenig.

Auch wenn man Steak »saignant«, »blutig«, bestellt: Bei der austretenden roten Flüssigkeit handelt es sich nicht um Blut, sondern um Fleischsaft: Jedes Fleisch im Handel ist nach der Schlachtung ausgeblutet, besteht zu gut 75 Prozent aus Wasser und zum Rest aus Fett und Proteinen. Und genau dieser Wassergehalt ist entscheidend für ein gelungenes Steak.

1. *Für ein kross gebratenes, anmachend gebräuntes Steak, das innen saftig bleibt, braucht es richtig knackige Hitze. Nicht, weil sich dann, wie immer noch von vielen Steakliebhabern standhaft behauptet wird, die Poren schließen, sondern um möglichst schnell eine Bräunungsreaktion (also mindestens ca. 150°, s. S. 66) in Gang zu setzen. Ist Pfanne (und Fett) nicht heiß genug, bräunt das Fleisch nicht nur zu langsam, es verdampft auch viel mehr des in der Oberfläche des Fleisches enthaltenen Wassers – das Fleisch wird trocken.*

2. *Für ein zartes Steak braucht es nach extremer Hitze Ruhe: Beim Braten ziehen sich die Muskelfasern in den Zellen zusammen und pressen das Wasser in die Zellzwischenräume. Dadurch schrumpft Fleisch in der Pfanne sichtbar und wird fester, je garer es ist. Lässt man es dann ruhen, entspannen sich die Fasern wieder, der Fleischsaft fließt zurück und das Steak wird wieder weicher, zarter und bleibt gleichzeitig saftig. Wird es dagegen zu früh angeschnitten, tritt der Fleischsaft schwallartig aus – also auch, wenn's noch so lecker riecht und ausschaut. In der Ruhe liegt der Saft!*

Was in der Theorie anschaulich klingt, lässt in der Praxis all jene scheitern, die nicht wie Profis täglich dutzende Fleischstücke in die Pfanne hauen: Beim scharfen Anbraten trocknet das Äußere bereits aus, während das Innere kaum die nötige Kerntemperatur von 50-60° erreicht. Anschließendes Nachziehen gleicht das Temperaturgefälle kaum aus, im schlimmsten Fall kommt dann ein außen angetrocknetes, innen eher kaltes Steak auf den Teller. Auch frühzeitiges aus dem Kühlschrank nehmen hilft nicht: Selbst ein auf ca. 35° Kerntemperatur angewärmtes Steak braucht genauso lange wie das 6° kalte aus dem Kühlschrank, um in der Pfanne die gewünschte Bräunung zu erreichen. Der Grund: Die Oberflächenfeuchtigkeit lässt in beiden Fällen die Temperatur der Pfanne erst mal rapide sinken.

RICHTIG COOL UND VOLL FETT

Wir wissen nun also im Prinzip, dass wir für ein schön gebräuntes Steak extreme Hitze beim Anbraten brauchen, aber gleichzeitig dafür sorgen müssen, dass dabei so wenig wie möglich Flüssigkeit verdunstet. Dazu lassen wir zum einen die Steaks gerade nicht Raumtemperatur annehmen, sondern kühlen sie zusätzlich herunter – also ab in den Kühlschrank damit!

Dann geht's ran an das bzw. ins Fett – das kommt nämlich nicht einfach, wie ansonsten, vor den Steaks in die Pfanne: Die Steaks werden noch vor dem Braten in geschmolzenes Rinderfett getaucht, das sich anschließend kalt und fest geworden wie ein Schutzmantel um das Fleisch legt. Das hat folgende Effekte:

1. *Rinderfett (oder Talg) ist äußerst hoch erhitzbar und verstärkt das fleischeigene Aroma noch, im Gegensatz zu anderen hoch erhitzbaren, aber »artfremden« Bratfetten wie Butterschmalz oder Pflanzenöl.*

2. *Das Fett liegt wie eine Isolierschicht ums Fleisch, es versiegelt das Eiweiß an der Oberfläche. Weniger Wasser verdunstet, das Fleisch kann ohne Austrocknen länger braten.*

3. *Fett leitet Wärme: Gedoppelt in der Pfanne und direkt am Fleisch gelangt die Hitze noch schneller ans Gargut – die Bräunungsreaktion schaltet auf Turbo.*

Das Ergebnis nach dem Anbraten: Ein vollfett und krass kross gebratenes Steak mit superbrauner Kruste, bei dem wenig Flüssigkeit verdunstet ist und dessen Inneres gut isoliert immer noch eine niedrige Kerntemperatur besitzt. Und die soll so niedrig sein: Beim folgenden Nachgaren im Ofen bei Niedrigtemperatur entspannen sich nach und nach die Muskelfasern des Fleisches und das Steak wird wieder weicher. Et voilà, herauskommt das perfekt saftige, zarte Steak mit Aromakruste, das jeden Grillmeister vor Neid erblassen lässt.

THE PERFECT STEAK

Für 4 Personen

20 Min. Zubereitung
55 Min. Kühlen
50 Min. Nachziehen und Ruhen

- **4 Entrecotes (à ca. 300 g; möglichst Bioqualität)**
- **300 g Rinderfett (beim Metzger evtl. vorbestellen)**
- **grobes Steinsalz**
- **Pfeffer aus der Mühle**

1 Die Steaks 25 Min. ins Tiefkühlfach legen. Das Rinderfett in einem Topf bei 80° im Backofen erwärmen, durch ein Sieb in einen Topf gießen und darin auf dem Herd bei kleiner Hitze warm halten.

2 Die Steaks mit Salz einreiben und in das lauwarme, flüssige Rinderfett tauchen. Auf einen Teller mit Backpapier geben und 30 Min. in den Kühlschrank stellen.

3 Das im Topf verbliebene Rinderfett in einer großen Pfanne erhitzen. Die Steaks aus dem Kühlschrank nehmen und im siedenden Fett unter ständigem Wenden so lange braten, bis sie schön kross und dunkelbraun sind.

4 Parallel den Ofen auf 70° Umluft einschalten. Die Steaks auf einem Teller im Ofen 45 Min. nachziehen lassen, dabei nicht abdecken. Aus dem Ofen nehmen, 5 Min. stehen lassen und dann mit grob gemahlenem Pfeffer bestreut servieren. Dazu passt Krautsalat.

DAZU: TURBO-KRAUTSALAT

1 Spitzkohl putzen, waschen und in sehr feine Streifen schneiden oder hobeln. Die Kohlstreifen in einer Schüssel mit 1 großen Prise Zucker, etwas Salz und 2 EL Öl vermischen. Den Salat nach Belieben mit Essig (oder Zitronen- bzw. Limettensaft), Salz und Pfeffer abschmecken.

GEBÜGELTES STEAK

Mit dem Bügeleisen bekommen die Steaks bei mir noch mal richtig Farbe: Dafür einzeln nacheinander zwischen Backpapier legen und mit dem Bügeleisen auf höchster Stufe (ohne Dampf) bis zur gewünschten Bräunung drüberbügeln.

HÜHNERSUPPE
ECHT LECKERE MEDIZIN

Heiße Hühnerbrühe gilt schon seit schier urdenklichen Zeiten als wahrer Wundertrank und bewährtes Hausmittel gegen Schnupfen, Grippe und andere Wehwehchen. Warum aber Opa dank Omas dampfender Brühe wieder schnell auf die Beine kommt, lässt sich bis heute nur in Ansätzen erklären. Amerikanische Wissenschaftler etwa stellten fest, dass bestimmte für Entzündungen der oberen Atemwege verantwortliche weiße Blutkörperchen durch Hühnerbrühe blockiert werden.

Welche Suppenzutat da aber genau hilft, blieb unklar. Als zweifelsfrei sicher gilt: Heißer Suppendampf tötet Viren ab und befreit die Atemwege ähnlich wie normales Inhalieren von Wasserdampf, nur eben leckerer. Konzentriert riechen und schmecken wir anschließend – trotz dicker Schnupfennase – die unterschiedlichsten Aromen, die sich durch langes Kochen im Wasser gelöst und verbunden haben und die eine gute, selbstgekochte Brühe zum einzigartigen Geschmackserlebnis machen.

Und vielleicht ist es ja gerade dieser alles durchdringende, betörende Duft einer ordentlich lange gekochten Hühnerbrühe, der sie uns als Allheilmittel, als Seelentröster und bestes Soulfood erkennen lässt: Wohlig und dankbar schmeckten wir schon in Kindertagen beim ersten Löffel die eigentliche, wundersam heilkräftige Hauptzutat, mit der die Mutter oder Oma sie für uns kochte – nämlich viel Liebe und eine gute Prise Fürsorge, die uns schnell wieder gesund werden lässt.

HÜHNERSUPPE

Für 6 Personen

1 Std. Zubereitung
2 Std. 30 Min. Garen

Für die Hühnersuppe

- **1 Suppenhuhn (ca. 1,8 kg; möglichst Bioqualität; evtl. vom Metzger halbiert)**
- **2 Lorbeerblätter**
- **1 TL weiße Pfefferkörner**
- **2 Möhren**
- **150 g Staudensellerie**
- **150 g Lauch**
- **1 Zwiebel**
- **4 Nelken**
- **5 große Stängel Petersilie**
- **Salz**
- **Pfeffer aus der Mühle**
- **frisch geriebene Muskatnuss**

Für die Einlage

- **200 g Suppennudeln**
- **Salz**
- **½ Bund Schnittlauch**

1 Für die Suppe das Suppenhuhn waschen und in einem großen Topf gut mit Wasser bedecken. Bei großer Hitze aufkochen und 2–3 Min. kochen lassen, dann alles abgießen, das Huhn abbrausen, den Topf auswaschen. Das Huhn mit ca. 2,2 l Wasser in den Topf geben. Erneut aufkochen und dann bei kleiner Hitze 1 Std. zugedeckt köcheln lassen. Dabei während der ersten 20 Min. immer wieder den aufsteigenden Schaum abschöpfen, damit die Brühe nicht trüb wird. Nach 20 Min. Garzeit die Lorbeerblätter und die Pfefferkörner dazugeben.

2 Inzwischen Möhren, Sellerie und Lauch putzen, schälen bzw. waschen und in grobe Stücke schneiden. Die Zwiebel schälen und quer halbieren, die Hälften mit den Nelken spicken. Die Petersilie waschen. Gemüse, Zwiebel und Petersilie zum Huhn geben und 1 Std.–1 Std. 30 Min. weiterköcheln – das Gemüse sollte gar, aber nicht zerkocht sein, und die Haut sollte sich leicht vom Hühnerfleisch lösen lassen.

3 Etwa 10 Min. vor Garzeitende die Brühe mit Salz, Pfeffer und Muskat würzen. Das Huhn aus dem Topf heben, die Brühe durch ein Sieb in einen zweiten Topf gießen. Sellerie und Möhren aus dem Sieb nehmen und in kleine Stücke schneiden.

4 Für die Einlage die Suppennudeln in reichlich Salzwasser nach Packungsanweisung garen, in ein Sieb abgießen und abtropfen lassen. Den Schnittlauch abbrausen, trocken schütteln und in Röllchen schneiden.

5 Von dem leicht abgekühlten Huhn die Haut abziehen. Das Fleisch von den Knochen lösen und anschließend in mundgerechte Stücke schneiden.

6 Eventuell mit einem Löffel das Fett von der Oberfläche der Brühe abschöpfen. Die Brühe erneut erhitzen und Möhren, Sellerie, Fleisch und Nudeln dazugeben, heiß werden lassen. Die Suppe mit Schnittlauch bestreut servieren.

HÜHNERSUPPE À LA MIRACULIX

Wer mit Grippe und Erkältung flach liegt, hat im Regelfall keinen großen Appetit – nicht zuletzt, weil bei verstopfter Nase eh alles nach Pappe schmeckt.

Eine gute Brühe kommt dann doppelt recht: Sie versorgt uns mit Flüssigkeit, ist leicht, belastet nicht und beinhaltet trotzdem geballt gesunde Inhaltsstoffe, die nicht nur Kranken jede Menge Kraft und Energie geben. Damit sich Nährstoffe, Mineralien und Spurenelemente beim Garen aus Fleisch, Gemüse und Würzzutaten lösen können, braucht es für eine ordentliche Suppengrundlage Zeit – erst nach und nach geben die Zutaten einen Teil ihrer Inhaltsstoffe und Geschmack ans Kochwasser ab.

Im ausgekochten Huhn oder Suppengemüse, das normalerweise anschließend als Einlage für Suppe (oder Frikassee, s. S. 60) verwendet wurde, bleibt allerdings wenig Aromatisches und noch weniger Gesundes. Nach mehrstündigem Garen sind diese Zutaten eher nur noch zu Dekorationszwecken und als mehr oder weniger sensuelle Attraktion brauchbar – im schlimmsten Fall als völlig ausgetrocknete, zähe Hühnerfleischbröckchen. Logisch, wenn man sich anschaut, was beim Kochen einer Brühe vor sich geht.

1. Durch längeres Garen in erhitztem Wasser lösen sich aus dem Hühnerfleisch nach und nach Fett und Eiweiß. Das können wir mit bloßem Auge am Schaum erkennen, der zu Beginn des Kochvorgangs aufsteigt und bei dem es sich um denaturiertes Eiweiß handelt. Oder am Ende, wenn auf der fertigen Suppe dicke, runde Fettaugen schwimmen. Völlig unsichtbar wandern aber auch viele geschmacksgebende Mineralstoffe, dem Gesetz der Osmose folgend, ins Wasser: Im Inneren des Fleisches befinden sich viele in Zellwasser gelöste Mineralsalze, während im umgebenden Kochwasser so gut wie keine vorhanden sind. Nach dem osmotischen Prinzip haben aber zwei nur durch eine durchlässige Trennwand (Membran) getrennte Lösungen die Neigung ihre unterschiedlich hohe Mineralstoffkonzentration auszugleichen. So wandern die im Zellsaft gelösten, aromagebenden Mineralien des Fleisches durch Diffusion dorthin, wo sich wenige oder kaum gelöste Teilchen befinden, nämlich ins Wasser, das sich so nach und nach zur aromatischen Brühe wandelt.

2. Leider verläuft dieser osmotische Prozess immer zweigleisig, auch andersherum: Im Bestreben um Ausgleich dringt Wasser ins Hühnchen ein, bis es zum vollständigen Mineralstoffausgleich zwischen Fleisch und umgebender Brühe kommt. Das gegarte Fleisch schmeckt dann verwässert, fade und im wahrsten Sinne des Wortes ausgelaugt. Das gilt übrigens nicht nur für das Huhn, sondern auch für das Suppengemüse.

HÜHNERBRÜHE IST SCHMECKBARE PHYSIK

Eine gute, kräftig schmeckende Brühe kochen und dabei auch noch richtig aromatische Einlagen wie Fleisch und Gemüse zu behalten, scheint demzufolge also schier ein Ding der Unmöglichkeit zu sein.

Deshalb nutze ich für meine Miraculix-Suppe auch ein Geheimrezept, das hier verraten wird: Eine Super-Power-Kraftbrühe, die ganz ohne Hexerei gelingt und bei der auch das Hühnerfleisch zauberhaft aromatisch und saftig bleibt, ohne über Gebühr auszulaugen.

1. Es wird kein ganzes Huhn (s. S. 56), sondern es werden nur Keulen verwendet. Dadurch vergrößert sich bereits die Oberfläche, aus der Aroma schneller in die Garflüssigkeit gelangt. Durch das Anbraten der Keulen, entwickelt die Haut bereits richtig tolles (Röst-)Aroma, für das ein ganzes, nicht angebratenes Huhn ansonsten mehrere Stunden lang köcheln müsste und damit entsprechend mehr auslagen würde.

VS

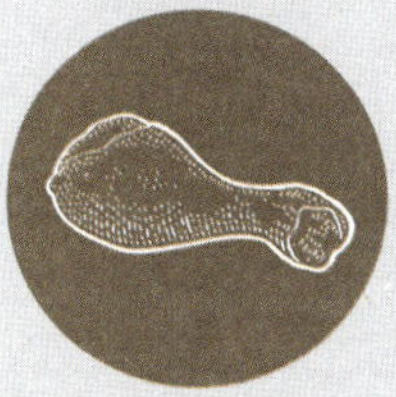

2. Das Hühnerfleisch und die Würzzutaten garen nicht in Wasser, sondern bereits in Hühnerfond. Dadurch potenziert sich logischerweise der Geschmack der Brühe – ein echtes Mega-Kraft-Süppchen! Durch diesen einfachen Trick verändert sich das ansonsten herrschende osmotische Ungleichgewicht: Fond und das bereits beim Garen zugegebene Salz enthalten genau wie das Fleisch jede Menge Mineralien. So verläuft der oben beschriebene osmotische Austausch zwischen mineralstoffhaltigem Hähnchensaft und Garflüssigkeit nicht mehr nur zu Gunsten der Brühe und auf Kosten des Fleisches. Im Gegenteil: Es tritt zwar etwas weniger Aroma aus dem Fleisch aus, dafür gelangt aber intensiv aromatisierte Fondflüssigkeit ins Fleisch ein und hält es saftig und aromareich.

ALLES KLAR ?

Normalerweise wird für Brühe ein Suppenhuhn im Kochwasser miterhitzt. Ab einer bestimmten Temperatur, wenn das Wasser leicht kocht, beginnen die Fleischproteine zu denaturieren und steigen geronnen als graubräunliche Schaumflocken nach oben – die Brühe wird trüb. Um das zu vermeiden, drosseln Profis den Temperaturanstieg so weit wie möglich: Die angebratenen Keulen kommen in den sauber ausgewaschenen kalten Topf. Dazu Eiswürfel, Fond und alle übrigen Zutaten, die dann nur sehr viel langsamer heiß werden und auf keinen Fall zum Kochen kommen sollten. Starkes Kochen bringt nämlich zu viel Bewegung ins Wasser, lässt Schaumstoffe wild herumwirbeln und verteilt sie. Bei ruhigem Erhitzen sinken die Schaumstoffe dagegen nach und nach sanft auf den Topfboden, wo sie als Bodensatz kein Wässerchen bzw. die Suppe trüben können.

HÜHNERSUPPE À LA MIRACULIX

Für 4 Personen

30 Min. Zubereitung
3 Std. Ziehen

- **4 Hähnchenschenkel (möglichst Bioqualität)**
- **2 EL neutrales Pflanzenöl**
- **2 große Zwiebeln**
- **2 Knoblauchzehen**
- **25 g Ingwer**
- **4 weiße Champignons**
- **1 gelbe Paprika**
- **3 Stangen Staudensellerie**
- **2 Frühlingszwiebeln**
- **2 Lorbeerblätter**
- **4 Nelken**
- **1 EL schwarze Pfefferkörner**
- **2 Streifen Bio-Zitronenschale (mit dem Sparschäler abgezogen)**
- **2 EL Steinsalz**
- **2 l Hühnerfond (aus dem Glas)**
- **1 kg Eiswürfel**
- **Petersilienblätter (nach Belieben)**

1 Die Hähnchenschenkel waschen und trocken tupfen. Das Öl in einem großen Topf erhitzen und die Hähnchenschenkel darin von allen Seiten anbraten. Aus dem Topf nehmen. Den Topf mit Wasser ausspülen, die Hähnchenschenkel wieder hineinlegen.

2 Zwiebeln, Knoblauch und Ingwer schälen. Die Champignons putzen, bei Bedarf mit einem Tuch abreiben. Die Paprika waschen und längs halbieren, die weißen Trennwände samt Kernen entfernen. Den Sellerie und die Frühlingszwiebeln putzen und waschen. Die vorbereiteten Zutaten grob zerkleinern und in den Topf geben. Lorbeerblätter, Nelken, Pfefferkörner, Zitronenschale, Salz, Hühnerfond und Eiswürfel dazugeben.

3 Alles zugedeckt aufkochen und anschließend bei kleiner Hitze knapp unter dem Siedepunkt 2 Std. ziehen lassen. Dann vom Herd nehmen und 1 Std. weiterziehen lassen. Aufsteigende Trübstoffe und Schaum zwischendurch immer wieder mit einer Schaumkelle von der Oberfläche entfernen.

4 Die Hähnchenschenkel herausnehmen und abkühlen lassen. Das Fleisch vom Knochen lösen und beiseitestellen. Die Brühe durch ein Sieb in einen Topf gießen und kurz aufkochen. Die Fleischstücke in die Brühe geben. Die Suppe zum Servieren nach Belieben mit Petersilienblättern bestreuen.

BRUST ODER KEULE?

Auch wenn ich gern »restlos« koche: Hier hat es Vorteile kein ganzes Suppenhuhn zu nehmen – im Gegensatz zum mageren Brustfleisch enthalten Keulen mehr Fett, das Fleisch laugt bzw. trocknet selbst bei längerem Garen weniger aus. Und im Gegensatz zum Brustfleisch enthält dunkles Beinfleisch mehr Muskelkollagene, die sich beim langen Garen in Gelatine verwandeln. Das sieht man spätestens, wenn die Brühe beim Erkalten geliert, spürt es aber bereits im warmen Zustand beim Essen: Das Mundgefühl ist voller und runder.

SCHNELLE EINLAGEN

Für eine deftige Wursteinalge fertige rohe Bratwürstchen aus dem Darm direkt in die Brühe quetschen und gar ziehen lassen. Für Gemüseeinlage Gemüse, z.B. Möhren oder Sellerie, putzen und waschen bzw. schälen. In gewünschte Form schneiden, mit Salz und Zucker bestreuen, 30 Min. stehen lassen und dann in die Suppe geben.

HÜHNERFRIKASSEE
BLASS, ABER NICHT FADE

Das Hühnerfrikassee verdanken wir, wie der Name schon vermuten lässt, den Franzosen. Vielen Dank dafür nochmals an dieser Stelle! Wie kam aber dieses helle, mild schmeckende Ragout, das lange Zeit als Kinderliebling und vornehmes Sonntagsessen galt, zu uns? Wahrscheinlich mit den in Frankreich verfolgten Hugenotten, die durch das Toleranzedikt von Kurfürst Friedrich Wilhelm im 17. Jahrhundert nach Preußen und insbesondere Berlin flohen.

Die brachten nicht nur ihre Sprache, Sitten und Essgebräuche mit ins Brandenburgische, sondern auch bis dato unbekannte Gemüse wie Erbsen, Spargel, Champignons, Kopfsalat und Blumenkohl. Von den Berlinern erst skeptisch beäugt wurde vieles schon bald très chic. Und so entstammen viele heute als typisch berlinerisch geltende Gerichte und Begriffe der Alltagskultur Frankreichs: z. B. Bouletten (von »boules«, also Fleisch-»Kugeln«), Böfflamott (Boeuf à la mode für Rinderschmorbraten) oder auch Muckefuck (von Mocca faux für »falschen« Zichorienkaffee). Und nicht zuletzt das Frikassee, zu dem nach Berliner Art neben Hähnchen auch Spargel, Morcheln, Champignons, Fleischklößchen und Flusskrebsschwänze in die Sauce gehören. In abgewandelter Form, auch mit weniger edlen Zutaten wie Erbsen, Möhren und ohne Krebse, wurde es dann im restlichen Deutschland zum beliebten Gericht, mit dem man immer noch etwas französische Raffinesse auf den Teller bringen kann.

HÜHNERFRIKASSEE

Für 4 Personen

1 Std. 40 Min. Zubereitung
1 Std. 30 Min. Garen

- **1 Hähnchen (ca. 1,2 kg; möglichst Bioqualität)**
- **Salz**
- **1 Zwiebel**
- **1 Bund Suppengrün**
- **2 Lorbeerblätter**
- **3 Nelken**
- **5 Wacholderbeeren**
- **500 g weißer Spargel**
- **200 g weiße Champignons**
- **80 g Butter**
- **60 g Weizenmehl (Type 405)**
- **125 ml trockener Weißwein**
- **100 g TK-Erbsen**
- **200 g Sahne**
- **2–3 EL Zitronensaft**
- **Pfeffer aus der Mühle**
- **1 Bund Petersilie**

1 Das Hähnchen innen und außen gründlich kalt abspülen. In einem großen Topf ca. 2 l Wasser aufkochen, 1 TL Salz dazugeben und das Hähnchen hineinlegen. Wieder zum Kochen bringen. Die Zwiebel schälen und vierteln, das Suppengrün putzen, waschen bzw. schälen und in grobe Stücke schneiden. Zwiebel, Suppengrün, Lorbeerblätter, Nelken und Wacholderbeeren zum Hähnchen geben. Im geschlossenen Topf bei kleiner Hitze 1 Std. 30 Min. leicht köcheln lassen.

2 Das Hähnchen herausheben und einige Min. abkühlen lassen. Das Fleisch ablösen und ohne Haut in mundgerechte Stücke schneiden. Abgedeckt beiseitestellen. Die Brühe durch ein feines Sieb in einen Topf gießen, mit Küchenpapier entfetten und auf ca. 1 l einkochen.

3 Die Enden der Spargelstangen abschneiden, die Stangen schälen und in ca. 4 cm lange Stücke schneiden. Die Champignons putzen, bei Bedarf trocken abreiben, und in Scheiben schneiden. 250 ml von der Brühe in einem kleinen Topf aufkochen und den Spargel darin in ca. 8 Min. bissfest kochen. Spargel herausheben und beiseitestellen, die Brühe wieder zu der restlichen abgemessenen Flüssigkeit geben. In einer Pfanne 2 EL Butter erhitzen und die Champignons darin ca. 5 Min. bei mittlerer Hitze andünsten, salzen und pfeffern.

4 Restliche Butter (ca. 60 g) in einem Topf zerlassen. Das Mehl unterrühren und hell anschwitzen. Mit Weißwein ablöschen, dabei mit einem Schneebesen rühren, sodass keine Klümpchen entstehen. Dann unter Rühren die Hälfte der erkalteten Hühnerbrühe dazugeben. Aufkochen und die restliche Hühnerbrühe dazugießen. Hähnchenfleisch, Spargel, Champignons, Erbsen und Sahne dazugeben und alles einmal aufkochen. Die Sauce kräftig mit Zitronensaft, Salz und Pfeffer abschmecken. Petersilie waschen und trocken schütteln, die Blättchen abzupfen, fein hacken und über das Frikassee streuen. Dazu passt körnig gekochter Reis.

SEBASTIANS EINZIG ECHTES HÜHNERFRIKASSEE

Auch wenn Deutschland heute ein (wieder)vereintes Land ist, scheint bei der Einschätzung, was ein gutes Hühnerfrikassee ausmacht, nur wenig Konsens zu herrschen. Immerhin die Hauptzutat Huhn – oder Broiler – ist verbindlich, dann ist es aber schon vorbei mit der gesamtdeutschen Rezepteinigkeit: Während die einen Spargel als Zugabe bevorzugen, schwören die anderen auf Champignons oder Erbsen als passende Partner zum zarten Hähnchenfleisch. Andere wiederum bestehen auf Kapern, die zusätzliche Würze in das ansonsten milde Gericht bringen, und im Osten gehören noch Hackklößchen mit in die Sauce.

Apropos Sauce – auch hier scheiden sich die Geister: Verhilft ihr eine möglichst dicke Mehlschwitze, Sahne, Milch oder gar Eigelb zur samtigen Konsistenz? Einzig bei einem sind sich alle sicher: Die Sauce muss hell, von vornehm weißer Blässe sein. Ein Blick ins Nachbarland Frankreich, aus dem das »Frikassee« ursprünglich stammt, bringt leider auch keine Klärung – ganz im Gegenteil.

1. *Der Name »Frikassee« leitet sich zusammengesetzt höchstwahrscheinlich von den beiden französischen Wörtern »frire« für »braten« und »casser« für »zerbrechen, zerkleinern« ab. Für ein Frikassee wird Fleisch, hier Hühnerfleisch, in kleine, mundgerechte Stücke geschnitten oder gezupft, eventuell noch in etwas Mehl gewendet, aber auf jeden Fall anschließend bei hoher Hitze rundum scharf angebraten, um dann mit Brühe abgelöscht und darin – teils unter Zugabe anderer Zutaten wie Gemüse – über längere Zeit zu Ende gegart zu werden.*

2. *Beim Anbraten der Fleischstücke bilden sich aromatische Röststoffe, aber es kommt dabei auch zu einer kräftigen Bräunung und vorbei ist es anschließend mit der weißen Saucenherrlichkeit: Statt eines vornehm hellen Frikassees haben wir am Ende ein Ragout mit einer dunklen Sauce auf dem Teller vor uns. Das hieß zwar in früheren Zeiten in Frankreich Frikassee, war aber damals alles andere als eine edle Speise für die besseren Kreise, sondern ganz im Gegenteil ein deftiges Alltags- oder Arme-Leute-Gericht.*

Im Gegensatz zum Frikassee gilt in Frankreich allerdings das sogenannte »Blanquette« als wesentlich vornehmeres, gutbürgerliches Fleischgericht. Hierfür gart das Fleisch (Huhn oder oft auch Kalbfleisch) zunächst bei milder Hitze sanft in einer würzigen Brühe in einem Topf und kommt erst anschließend und in kleine Stücke geschnitten wieder in die Sauce. Die Zubereitung der Sauce erfolgt auf Grundlage einer klassischen Mehlschwitze und der aromatischen Garbrühe des Fleisches, für eine schön sämige Konsistenz wird die Sauce eventuell noch mit Eigelb legiert und am Schluss zusätzlich mit einem kräftigen Schuss Sahne oder dicken Klecks Crème fraîche gebunden und verfeinert. So bleibt die Sauce am Ende hell und blass wie gewünscht, eben »blanc«, also »weiß«, wie der Name des Gerichts bereits verrät.

DIE URFRAGE: HUHN ODER EI?

Da haben wir also im Laufe der Geschichte wohl etwas missverstanden und unser deutsches Hühnerfrikassee müsste stattdessen eigentlich »Hühnerblanquette« heißen. Da aber viele von uns bereits an der korrekten Aussprache des Wortes »Croissant« scheitern, erspare ich uns lieber auch fortan das wahrscheinlich nur mit Schnupfen richtig nasal ausgesprochene »Blð̆nquette«.

Dafür bastle ich mit dem ganzen Vorwissen zu Frikassee und Blanquette lieber ein echtes Hühnerfrikassee à la Lege, das den Namen auch verdient: mit zartem Hähnchenfleisch, viel Hühneraroma, frischem Gemüse und einer der Zunge schmeichelnden, schmelzenden schön hellen Sauce.

1

Traditionell wird für Frikassee ein ganzes Suppenhuhn gegart: für Brühe als Saucengrundlage und für Fleisch als Frikasseeeinlage. Bei mir kommen wie bei der Hühnerbrühe (s. S. 55) nur die Keulen zum Einsatz.

2

Und dann heißt es, Bühne frei für Hühnerstriptease: Die Keulen müssen ihre Haut lassen und kommen ohne in die Brühe. Die Haut wird später für Röstaromen ausgebraten.

3

Ausgelaugtes Gemüse ist auch passé: Es wird knackfrisch, nur mithilfe von Salz und Zucker »gegart« (s. S. 145, Leipziger Allerlei) ins Frikassee gegeben.

Wie man eine Bombenbrühe mit gleichzeitig zartem Hähnchenfleisch erhält, wurde auf S. 54 (Hühnerbrühe) genauer erklärt. So machen wir das also auch beim Frikassee. Die ausgebratene Haut dient als Grundlage der üblichen Mehlschwitze für die Sauce: Das bringt nicht nur schöne Röstaromen, sondern verstärkt das Hühneraroma. Das Hühnerfett verändert darüber hinaus die Konsistenz der Sauce: Sie wird voller, cremiger und runder. Darüber hinaus reichen Brühe und Milch, auf Ei zum Legieren können wir getrost verzichten.

TURBO-HÜHNERFRIKASSEE À LA LEGE

Für 4 Personen

40 Min. Zubereitung
3 Std. Garen

- **4 Hähnchenschenkel (mit Haut; möglichst Bioqualität)**
- **1 Bund Suppengrün**
- **1 große Zwiebel**
- **2 Knoblauchzehen**
- **1 l Hühnerfond (aus dem Glas)**
- **1 Lorbeerblatt**
- **10 schwarze Pfefferkörner**
- **3 Nelken**
- **15 Champignons (ca. 300 g)**
- **150 g Möhren**
- **Salz**
- **1 TL Zucker**
- **150 g Butterschmalz**
- **100 g Weizenmehl (Type 405)**
- **ca. 300 ml Milch**
- **200 g TK-Erbsen**
- **1 Zitrone**
- **frisch geriebene Muskatnuss**

1 Die Hähnchenschenkel gründlich kalt waschen und trocken tupfen. Die Haut abziehen und beiseitelegen. Das Suppengrün putzen, waschen bzw. schälen und in grobe Würfel schneiden. Die Zwiebel und den Knoblauch schälen und halbieren, aus dem Knoblauch den Keimling entfernen. Den Hühnerfond in einem großen Topf zum Kochen bringen. Suppengrün, Zwiebel, Knoblauch, Lorbeerblatt, Pfefferkörner, Nelken und die Hähnchenschenkel hineingeben und alles bei kleiner Hitze 2 Std. knapp unter dem Siedepunkt ziehen lassen. Dann vom Herd nehmen und 1 Std. weiterziehen lassen.

2 Die Champignons putzen, bei Bedarf trocken abreiben, und in Würfel mit ca. 1 cm Kantenlänge schneiden. Die Möhren schälen und in ebenso große Würfel schneiden. Das Gemüse mit 1 TL Salz und dem Zucker bestreuen.

3 Die Hähnchenschenkel aus dem Topf nehmen und auf einem Teller abkühlen lassen. Den Fond durch ein Sieb in eine Schüssel passieren und abkühlen lassen.

4 Das Butterschmalz in einem Topf erhitzen und die Hähnchenhaut darin bei schwacher bis mittlerer Hitze langsam auslassen, bis sie goldbraun ist. Das Mehl dazugeben und anschwitzen, bis ein weißer Schaum entsteht. Den kalten Hühnerfond und die Milch unterrühren. Sollte die Sauce noch etwas zu dick sein, noch etwas mehr Milch unterrühren.

5 Champignons, Möhren und Erbsen dazugeben. Das Hähnchenfleisch von den Knochen zupfen und hinzufügen. Die Zitrone halbieren und den Saft auspressen. Das Frikassee nochmals aufkochen und mit Zitronensaft, 1 Prise Muskatnuss und Salz abschmecken.

NÄHRSTOFFE ERHALTEN

Salz und Zucker lassen das geschnittene Gemüse wie beim Garen in Wasser weich werden, ohne dass dabei wertvolle Nährstoffe verloren gehen. So vorbereitet kann das Gemüse ganz am Ende in die Sauce und muss nur noch einmal kurz darin aufkochen.

GÄNSEBRATEN
DER WEIHNACHTSKLASSIKER

Alle Jahre wieder steht sie im Mittelpunkt der Festtagstafel: die Weihnachtsgans. Und im Gegensatz zu anderen kulinarischen Evergreens wie Karpfen blau oder gar Würstchen mit Kartoffelsalat ist die Zubereitung eines derart kapitalen Vogels eine echte Herausforderung: Füllung zubereiten, Befüllen, stundenlanges Garen, Wenden, Begießen und Bepinseln – das alles erfordert Zeit und ein feines Gespür für den richtigen Moment.

Beweisen sich die Qualitäten einer versierten Köchin und Hausfrau beim Zubereiten, liegt es dann beim anschließenden Tranchieren meist beim Herrn des Hauses, seine anatomischen Kenntnisse durch ein möglichst fachgerechtes Zerlegen zu demonstrieren. Brust oder Keule, lautet dann die Frage. Als Kriterium für einen gelungenen Gänsebraten gelten zartes, saftiges Fleisch bei gleichzeitig krosser, gut gebräunter Haut – und allzu häufig zeigt der erste Biss: zu trocken oder zäh, die Haut zu weich und voller Fett. Da hilft dann oft nur noch viel Sauce, die sich tröstend um das allzu trocken geratene Gänsefleisch und die dazugehörigen Klöße schmiegen darf. Ja, die Sauce, sie kann Gänsebraten und auch den gesamten Festtagsfrieden retten. Aber nur, wenn sie auch richtig gelungen ist: nicht zu fett und mit tiefem, dunklem Bratenaroma. Ansonsten bleibt, um drohenden Weihnachtsdramen zu entgehen, nur eins: ein möglichst gelungener Rotkohl, der alle Ungleichheiten von Brust und Keule vergessen lässt.

WEIHNACHTSGANS

Für 6 Personen

1 Std. 15 Min. Zubereitung
ca. 6 Std. Garen

Für die Gans

- **1 Gans (2–2,5 kg; möglichst Bioqualität)**
- **4 Äpfel | 2 große Zwiebeln**
- **2 Aprikosen | 1 Orange | 2 EL Butter**
- **200 g geschälte Maronen (vorgegart)**
- **120 g Weizenmehl (Type 405)**
- **Salz | Pfeffer aus der Mühle**
- **3 Zweige Rosmarin**
- **2 Möhren | ca. 10 EL Honig**
- **250 ml trockener Rotwein**

Für den Apfelrotkohl

- **2 Äpfel | 2 Zwiebeln | 700 g Rotkohl**
- **3 EL Butter | 4 EL Apfelessig**
- **4 EL brauner Zucker | Salz**
- **Pfeffer aus der Mühle | 2 Lorbeerblätter**
- **200 ml naturtrübe Apfelschorle**

Für die Maronen

- **3 EL Butterschmalz**
- **800 g geschälte Maronen (vorgegart)**

1 Die Gans innen und außen kalt abspülen und trocken tupfen. Die Äpfel waschen und klein schneiden, dabei die Kerngehäuse entfernen. Die Zwiebeln schälen und in kleine Würfel schneiden. Die Aprikosen waschen, entsteinen und klein schneiden. Die Orange schälen und klein schneiden, dabei falls nötig die Kerne entfernen. Die Butter in einer Pfanne erhitzen. Äpfel, die Hälfte der Zwiebeln und Maronen darin bei mittlerer Hitze rundum braun anbraten. 100 g Mehl unterrühren und alles mit Salz und Pfeffer würzen. Den Backofen auf 220° Ober-/Unterhitze vorheizen. Den Rosmarin waschen. Die Gans mit der Apfelmischung füllen, dabei den Rosmarin dazugeben. Die Keulen mit Küchengarn zusammenbinden. Die Möhren putzen, schälen, klein schneiden und in ein tiefes Backblech geben. Die übrige Zwiebel dazugeben. Das Blech halbhoch mit Wasser füllen. Die Gans mit der Brust nach unten auf einen Ofenrost legen und in den Ofen (Mitte) schieben. Das Blech mit dem Gemüse darunterschieben. Die Gans ca. 35 Min. braten, dann die Temperatur auf 80° reduzieren und 5–5 ½ Std. weiterbraten, dabei immer wieder mit Honig und Bratensaft bestreichen.

2 Ca. 1 Std. vor Ende der Bratzeit für den Rotkohl die Äpfel schälen und klein würfeln, dabei die Kerngehäuse entfernen. Die Zwiebeln schälen und klein schneiden. Den Rotkohl putzen, waschen und in feine Streifen schneiden oder hobeln. Die Butter in einem Topf erhitzen. Zwiebeln und Äpfel darin glasig andünsten. Kohl und Apfelessig dazugeben und alles ca. 3 Min. kochen. Mit Zucker, Salz und Pfeffer würzen. Lorbeerblätter und Apfelschorle unterrühren. Rotkohl zugedeckt bei mittlerer Hitze ca. 50 Min. köcheln, währenddessen zwischendurch immer wieder umrühren. Mit Salz und Pfeffer abschmecken.

3 Am Ende der Bratzeit der Gans die Ofentemperatur wieder auf 220° erhöhen und die Gans in ca. 10 Min. knusprig braten. Für die Maronen das Butterschmalz in einer Pfanne erhitzen, die Maronen darin ca. 5 Min. braten. Den Ofen ausschalten. Den Bratensaft vom Blech durch ein Sieb in eine Pfanne gießen (das Sieb mit dem Gemüse beiseitestellen), etwas Wasser dazugeben und aufkochen. Den Rotwein dazugeben und einkochen, die Sauce mit dem übrigen Mehl (20 g) sämig andicken. Die Gans herausnehmen, portionieren und mit Möhren, Rotkohl und Maronen servieren. Dazu passen außerdem Kartoffelklöße.

ROLLGANS À LA LEGE

Eine Gans bringt locker bis zu sechs Kilo auf die Waage. Wie bei allen großen Braten besteht daher die Gefahr, dass sie im Backofen schnell austrocknet: Je größer und dicker der Vogel, desto größer ist beim herkömmlichen Garen die Temperaturdifferenz von der Fleischmitte nach außen. Im schlimmsten Fall ist die Gans außen trocken und verbrannt, während Inneres und Füllung halb gar sind. Niedrigtemperaturgaren bei ca. 80° verringert das Temperaturgefälle. Der Braten gart mehrere Stunden, bis er eine Kerntemperatur von 75–80° erreicht hat – Gans und Füllung sind durch und im besten Falle zart und saftig.

Nach einer alten Pi-mal-Daumen-Faustregel rechnet man pro Kilogramm Gans je eine knappe Stunde Garzeit ein. Dabei macht es allerdings einen Unterschied, ob es sich bei der Gans um einen sportlichen Freilauftypen mit fasrigen Muskeln oder eine ältere, eher behäbige Mastgans mit reichlich Fett und wenig Muskelmasse handelt.

~

1. *Nach einem kurzen »Schockgaren« bei 220°, bei dem die Gans ihre erste leichte Bräunung erhält, passiert dann beim mehrstündigen Garen bei 80° äußerlich sichtbar erst einmal nichts mehr. Die Temperatur im Inneren steigt aber schon nach einiger Zeit auf knapp 70°. An diesem Punkt beginnen sich die Fleischproteine zu entspannen, das Kollagen im zähen Bindegewebe schmilzt und wandelt sich in weiche, mundschmeichelnde Gelatine – das Fleisch wird zart, weich und saftig. Sichtbar wird nach einigen Stunden Garen das sich verflüssigende überschüssige Fett, das austritt.*

2. *Die Gans ist jetzt zwar gar, aber noch blass, denn der Maillard-Prozess, der bei vielen Lebensmitteln für Bräunung sorgt, kann erst ab knapp 150° einsetzen. Neben ausreichend Hitze braucht es für diese chemische Reaktion die im Fleisch enthaltenen Aminosäuren, Wasser und zusätzlich Zucker. Den gab's bereits in Form von reichlich Honig, mit dem die Gänsehaut schon während der ganzen Garzeit immer wieder bepinselt wurde. Beim kurzen Endgaren bei 220° geht es dann auch ganz fix: Die Gans bekommt eine goldbraun glänzende knusprige Haut.*

Niedrigtemperaturgaren entlastet die gestresste Köchin oder den gestressten Koch an hektischen Feiertagen: Der Braten gart ganz gemütlich über mehrere Stunden alleine und will lediglich ab und an bepinselt werden. Die Gans ist so im Regelfall am Ende zart gegart und dennoch saftig. Die Haut, die am Ende per kurzem Hitzeschock ihr Fett wegbekommt, ist knusprig und wohlgebräunt – alle schmausen selig und der Familienfrieden ist gerettet. Bleibt aber ein Problem: Im Gegensatz zum mehr oder weniger kompakten Bratenstück benötigen die bindegewebsreichen Keulen eine höhere Kerntemperatur als die magere Brust, damit das Kollagen zerfällt und zart wird. Dann lässt sich die Frage beim Tranchieren, ob »Brust oder Keule« auf dem Teller liegen sollen, am Ende wieder nur mit »viel Sauce!« beantworten.

GANS ROCK AND ROLL

Um die lästige Frage nach »Brust oder Keule« ein für alle Mal aus der Welt zu schaffen, kommt bei Lege die Gans in neuer Form groß raus: Entbeint, gefüllt, aufgerollt und super slow gegart, bekommt jeder eine gleichgroße Scheibe vom saftig-zarten Gänserollbraten. So herrscht Frieden und Gerechtigkeit am Festtagstisch und das lästige Tranchieren bei Tisch entfällt.

Die Idee dafür stammt aus Italien, wo fetter Schweinebauch mit Innereien, viel kräftigen Kräutern und Gewürzen zu »Porchetta« aufgerollt und gegrillt wird: Das Innere ist würzig, supersaftig, die Schwarte ringsum honigbraun, knusprig und kross wie bei einem guten Schweinebraten.

1

Die Gans wird platt gemacht: Dazu braucht es Fingerspitzengefühl, ein gutes Fleischmesser und notfalls die Hilfe vom Metzger. Brust- und Keulenfleisch verteilt sich dann beim Aufrollen besser.

2

Dank Füllung bekommt die Rollgans eine kompakte Form. Das fette Hack bringt Aroma und Saftigkeit von innen, das Fett der Gänsehaut schützt vor Hitze von außen.

3

Bei kleiner Hitze, geschützt durch Pergament- und Aluhülle wird nur zart pochiert. Kruste und Aroma bilden sich danach beim Garen bei großer Hitze.

Knusper, Knusper, Knäuschen – es dauert zwar etwas länger, aber am Ende gibt es Gänse-Porchetta mit einer rundum krossen Haut und einem herrlich saftigen, butterzarten Innenleben. Wirklich jeder bekommt ein gleichwertiges Stück vom Braten und wenn er will, natürlich noch eine Sauce dazu. Die wird allerdings separat gekocht: mit schönen Röstaromen, die beim Niedrigtemperaturgaren leider nie erreicht werden. So herrscht am Festtagstisch endlich Stille, Frieden und gemeinsames, seeliges Schmausen!

WEIHNACHTSGANS-ROLLBRATEN

Für 4-6 Personen

1 Std. 30 Min. Zubereitung
ca. 24 Std. 30 Min. Garen
12 Std. Kühlen

Für den Rollbraten

- 50 g getrocknete Waldpilze
- 1 Apfel
- 1 Zwiebel
- 1 Stück Ingwer (ca. 2 cm lang)
- 200 g Hähnchenleber
- 1,5 kg gemischtes Hackfleisch (möglichst Bioqualität)
- 3 EL Steinsalz
- 1 EL gemahlenes Glühwein-Gewürz (oder Fünf-Gewürze-Pulver)
- 150 ml Portwein
- 2 cl Weinbrand
- 1 Gans (ca. 4 kg; möglichst Bioqualität; evtl. schon vom Metzer alle Knochen auslösen und mitgeben lassen)

Für die Sauce

- 1 Bund Suppengrün
- 1 EL Tomatenmark
- 500 ml Rotwein
- 2 l Hühnerfond (aus dem Glas)
- Salz
- Pfeffer aus der Mühle

Außerdem

- Frischhaltefolie, Backpapier und Alufolie (à ca. 1,5 m lang)

1 Für die Füllung die Pilze in Wasser ca. 1 Std. einweichen. Apfel waschen, das Fruchtfleisch rund um das Kerngehäuse fein abreiben. Zwiebel schälen und in feine Würfel schneiden. Ingwer schälen und fein reiben. Pilze in ein Sieb abgießen, gut abbrausen und fein hacken. Hähnchenleber grob hacken. Hackfleisch in einer Schüssel mit Salz und Glühweingewürz kräftig durchkneten. Portwein und Weinbrand unterkneten, bis eine Bindung entsteht. Apfel, Zwiebel, Ingwer, Pilze und Leber einarbeiten. Die Füllung beiseitestellen.

2 Die Gans außen und innen waschen, dann trocken tupfen. Mit der Brustseite nach unten aufs Schneidebrett legen. Vom Rücken das Fleisch zusammenhängend von allen Knochen trennen, ohne dabei die Haut zu beschädigen. Die Knochen für die Sauce beiseitelegen. Das Fleisch mit der Hautseite nach unten flach wie einen Teppich auf der Arbeitsfläche ausbreiten, dabei das Keulen- und Flügelfleisch zur Brust hin einklappen. Die Füllung mittig zwischen den beiden Brusthälften verteilen, die Seiten zur Mitte einschlagen und das Fleisch von unten nach oben fest einrollen. Die Frischhaltefolie auf der Arbeitsfläche ausbreiten, den Rollbraten mittig darauf platzieren und wie eine Bonbon fest in die Folie wickeln. Die Rolle an beiden Enden der Folie festhalten und immer wieder nach vorne rollen, bis Spannung auf der Rolle entsteht. Anschließend die Rolle auf die gleiche Weise in Backpapier und zum Schluss in Alufolie wickeln. Ein ausreichend großes Gefäß mit Wasser befüllen, den Rollbraten hineinlegen und im Ofen bei 50° Umluft 24 Std. garen. Herausnehmen, auskühlen lassen, dann trocken tupfen und offen 12 Std. in den Kühlschrank stellen.

3 Für die Sauce das Suppengrün putzen, waschen bzw. schälen und in walnussgroße Stücke schneiden. Ausgelöste Knochen in einem Topf bei großer Hitze braun rösten. Gemüse dazugeben und ebenfalls kräftig anrösten. Das Tomatenmark hinzufügen und kurz mitrösten. Mit der Hälfte des Rotweins ablöschen, den Wein komplett einkochen lassen. Mit dem übrigen Rotwein ebenso verfahren. Den Hühnerfond angießen und alles mit geschlossenem Deckel bei kleiner Hitze 4 Std. köcheln. Sauce durch ein Sieb gießen und offen in ca. 30 Min. zu einer sämigen Sauce reduzieren. Mit Salz und Pfeffer abschmecken.

4 Backofen auf 190° Umluft vorheizen. Rollbraten auspacken und auf einen Ofenrost legen. Den Rost in den Ofen (Mitte) schieben und darunter ein Backblech. Den Rollbraten auf Sicht schön goldbraun braten. In Scheiben aufschneiden und mit Sauce servieren.

BEILAGE MITGAREN

1 kg Kartoffeln schälen, in grobe Stücke schneiden und beim Rösten der Gans auf das Blech unter dem Rost legen. Die Kartoffeln anschließend mit einem Kartoffelstampfer zerstampfen und nach Belieben mit heißer Milch und 1–2 EL Butter zu einem sämigen Stampf vermengen. Mit Salz, Pfeffer und Muskatnuss abschmecken.

PEKINGENTE
MEHR ALS HEISSE LUFT

Heute sind »Pekingenten« in chinesischen Vierteln weltweit im wahrsten Sinne des Wortes Aushängeschild einer jeden Garküche, die etwas auf sich hält, wenn sie rötlich, lackglänzend traubenweise in den Schaufenstern hängen. Doch was zum schnellen Imbiss einlädt, hat kaum mehr etwas mit dem Gericht zu tun, das sich einst die Kaiser Chinas munden ließen: Brustfleischscheiben mit pergamentdünner Knusperhaut auf einem Pfannkuchen mit Zwiebelgrün, Gurke und Hoisin-Sauce.

Kein üppiges Mahl, sondern vielmehr Zeichen bewusster Verschwendung: nur das Beste für den Kaiser. Der Rest durfte getrost in die Suppe wandern, die in guten Chinalokalen heute noch traditionell auf die Entenhäppchen folgt. Die Zubereitung und Aufzucht einer »echten« Pekingente gebührt dann auch einem Kaiser: Mit spezieller Kost gefütterte Enten, werden nach dem Schlachten gebrüht und mit Luft ballonartig aufgepumpt, damit sich die Haut von der darunterliegenden Fettschicht löst. Mit speziellem Zuckersirup bepinselt hängen die so vorbereiteten Enten dann mindestens einen Tag luftig zum Trocknen am Haken, bevor sie – meist ebenfalls hängend – über dem offenen Feuer geröstet werden. Die Mühe lohnt sich: Bei erfolgreicher Behandlung gibt es als kulinarisches Ergebnis hauchdünne, superkrosse, glänzende Haut und zartes Fleisch – ein imperiales Gericht! Da kann man auf den im Westen beliebten Entenbraten mit Knödeln und Sauce getrost mal verzichten.

PEKINGENTE

Für 6 Personen

1 Std. 30 Min. Zubereitung
12 Std. Trocknen und Marinieren
1 Std. Braten

Für die Ente

- 1 Ente (ca. 2 kg; küchenfertig; möglichst Bioqualität)
- Salz
- 1 Schuss Essig
- 5 EL Reiswein
- 1 EL Honig
- 2 EL Zitronensaft
- 2 TL Speisestärke
- ½ TL Sesamöl

Für die Sauce

- 1 Tasse Hoisin-Sauce
- 1 TL Reiswein
- 1 TL Sesamöl
- etwas Chilisauce

Außerdem

- Fleischerhaken

1 Die Ente waschen und trocken tupfen, das innere Fett entfernen. In einem großen Topf etwa 2 l Wasser mit etwas Salz und dem Essig aufkochen. Die Ente hineingeben und 1–2 Min. garen. Herausnehmen und mit einem sauberen Küchentuch gründlich abtrocknen. Dabei die Haut massieren, damit sie sich vom Fleisch lösen lässt. Den Fleischerhaken in den Hals der Ente stecken und die Ente ca. 2 Std. an einen kühlen, luftigen Ort hängen.

2 Für die Glasur 75 ml heißes Wasser mit Reiswein, Honig, Zitronensaft, Speisestärke und Sesamöl verrühren. Die Ente gründlich mit etwas von der Mischung einpinseln und am Fleischerhaken aufgehängt 1 Std. trocknen lassen, dann erneut einpinseln. Diesen Vorgang drei- bis viermal wiederholen. Anschließend die Ente mindestens 5 Std. trocknen lassen, am besten über Nacht.

3 Den Backofen auf 175° Ober-/Unterhitze vorheizen. Die Ente mit der Brust nach oben auf den Ofenrost legen und in den Ofen (Mitte) schieben. Die Fettpfanne mit Wasser füllen und darunter einschieben. Die Ente ca. 20 Min. braten. Dann mit Hilfe eines Kochlöffels herausnehmen und den Saft aus dem Inneren in eine Schüssel gießen. Die Ente mit der Brust nach unten zurück auf den Rost geben und weitere 20 Min. braten, dabei ab und zu mit etwas Glasur einpinseln.

4 Das Wasser aus der Fettpfanne entfernen. Die Ente erneut wenden, dabei das Fettwasser aus der Ente abgießen, und mit der Brust nach oben nochmals ca. 20 Min. braten. Falls die Ente zu stark bräunt, die Ofenhitze auf 150° reduzieren. Die Ente aus dem Ofen nehmen. Die Haut mit einem scharfen Messer flach vom Fleisch abschneiden. Das Fleisch von den Knochen lösen und in mundgerechte Würfel schneiden.

5 Für die Sauce Hoisin-Sauce, Reiswein, Sesamöl, Chilisauce und 100 ml Wasser in einem kleinen Topf verrühren und einmal aufkochen. Das Fleisch und die Haut der Pekingente mit der Sauce servieren. Nach Belieben Krabbenbrot, klein geschnittene Frühlingszwiebeln und Mandarin-Pfannkuchen (aus dem Asia-Laden) dazu reichen.

KNUSPERENTE PEKING ART

Eine Ente nach Peking Art mit glatter, glänzender Knusperhaut, unter der garantiert kein weiches Fett mehr steckt, erfordert neben einer ganzen Menge Arbeit und Know-how vor allem Zeit: zum Vorbereiten mit eventuellem Aufpumpen, Brühen, Marinieren und vor allem dem geduldigen Ruhenlassen. Das Original hängt deshalb gebrüht möglichst 1–2 Tage in einem gut belüfteten, gekühlten Raum, damit Brühen und Marinade ihre volle Wirkung entfalten können. Ziel ist es dabei, dem Fleisch bzw. der Haut möglichst viel Wasser zu entziehen, das später beim Garen die Haut weich und lappig halten könnte.

Das Aufpumpen der Pekingente, das chinesische Köche showreif mit einem Strohhalm hinbekommen, ist nur bedingt nötig. Die Haut wird damit schon vor dem Garen vollständig vom darunterliegenden Fett gelöst, das sich ansonsten erst beim Braten vollständig verflüssigen kann. Wer unbedingt möchte, kann die Haut mit den Fingern oder einem hölzernen Kochlöffelstiel vorsichtig lösen. Achtung, die Haut dabei nicht verletzen!

1. *Im Gegensatz zu Fleisch verfügt Entenhaut tatsächlich über Poren. Beim Überbrühen oder kurzen Eintauchen in kochendes Wasser ziehen sich diese durch die extreme Hitze zusammen. Das wird sofort sicht- und fühlbar: Sie wird deutlich fester, und auf der Oberfläche gleichmäßig glatter – die ideale Voraussetzung für den berühmten Lacklook beim späteren Braten. Zusätzlich geschieht genau das, was man sich beim Steakbraten wünschen würde: Die Hitze versiegelt die Poren und hält das Fleisch darunter später beim Braten deutlich saftiger!*

2. *Nach dem Überbrühen wird die Haut mit Zuckerlösung bepinselt. In China wird dazu traditionell Maltosesirup verwendet. Der flüssige Malzzucker schmeckt weniger süß als normaler Haushaltszucker (Saccharose) und verbindet sich ideal mit den übrigen Marinadezutaten, die je nach Koch nur aus Wasser, Essig, Sojasauce und evtl. einigen Gewürzen bestehen können. Wie jeder andere Zucker oder Honig – übrigens bester Ersatz – löst Maltose ab einer bestimmten Temperatur eine Maillard-Reaktion aus, die für Aroma und die typisch mahagonibraune Färbung sorgt.*

Das wichtigste bei einer rundum gelungenen Pekingente ist also im doppelten Sinne die Haut. Möglichst nur ganz kurz gebrüht – zu langes Kochen in Wasser würde bereits das Fleisch unter der Haut (vor-) garen – isoliert sie Fleisch und darunter liegendes Fett. Das Fett schmilzt dann nach und nach beim Braten und hält das Fleisch darunter noch zarter und saftiger. Denn eine krosse Haut allein ist nicht alles und macht es keinesfalls wett, wenn der Vogel darunter zäh wie Leder ist und sich nur schwer kauen lässt. Der 175° heiße Backofen macht dem Vogel dabei genügend Hitze unter dem Hintern und vor allem auf der Haut. Ist einmal alles Wasser darauf verdampft, setzt bei ca. 115° eine Maillard-Reaktion ein, die am Ende für die gewünschte schöne Bräunung und Knusprigkeit der Pekingente sorgt.

DAS GEHT UNTER DIE HAUT

Auch bei der Ente taucht das alte Problem auf: Große Hitze sorgt zwar für krosse Haut, trocknet aber schlimmstenfalls das Fleisch stark aus. Das Versiegeln der Haut mittels Überbrühen mit heißem Wasser hilft bereits, dass Brust und Keule saftig bleiben. Je nachdem, was zusätzlich im Wasser ist, wirkt die heiße Dusche noch effektiver: Bei mir macht's Essig in Verbindung mit Orange und Salz!

Essig und Orangensaft enthalten beide Säure; zusammen mit Salz bilden sie ein Dream-Team, dass dafür sorgt, dass das Fleisch zarter und die Haut gleichzeitig extrem kross werden kann. Zum Bräunen braucht es dann noch einen ordentlichen Anstrich mit Honig – fertig ist der Knusperlack.

1

Durch die heiße Dusche mit Essigwasser ziehen sich die Poren der Entenhaut sofort zusammen und isolieren das Fleisch darunter optimal gegen die Hitze beim späteren Garen im Backofen.

2

Die Säure denaturiert zunächst die Proteine der Haut: sie wird glatter und fester. Dann zieht sie ins Fleisch und macht es zarter (s. S. 79, Lammschulter, Wirkung Säure).

3

Das Salz entzieht der Haut während der Trockenphase mittels Osmose (s. S. 54) viel Wasser (ca. 10 %!). So kann die Bräunung früher einsetzen.

Das Garen bei Niedrigtemperatur hält das Entenfleisch extrem zart: Die Füllung isoliert und würzt von Innen und erhält das Fleisch zusammen mit der nach und nach schmelzenden Fettschicht unter der Haut saftig – darum heißt es auch die Ente gut verschließen, damit weder Saft noch Fett herauslaufen können. Die optimal durch heißes Überbrühen, Säure und Salz ausgetrocknete Haut wird dann am Ende in wesentlich kürzerer Zeit bei hoher Temperatur Peking-Style knusprig, ohne dass das Fleisch darunter austrocknen kann.

OFENENTE PEKING-STYLE

Für 4 Personen

40 Min. Zubereitung
12 Std. Ruhen
1 Std. 45 Min. Garen

- **1 Ente (ca. 1,5 kg; küchenfertig; möglichst Bioqualität)**
- **2 große Gemüsezwiebeln**
- **1 Stück Ingwer (ca. 2 cm lang)**
- **3 Knoblauchzehen**
- **3 Sternanis**
- **1 TL Fenchelsamen**
- **6 Nelken**
- **1 EL Szechuanpfeffer**
- **1 Bio-Orange**
- **Salz**
- **50 ml Weißweinessig**
- **2 EL Honig oder Zucker**

Außerdem

- **2 Bambusspieße**

1 Die Ente waschen und trocken tupfen. Die Zwiebeln schälen und in grobe Streifen schneiden. Ingwer und Knoblauch schälen, aus dem Knoblauch jeweils den Keimling entfernen. Beides fein hacken. Sternanis, Fenchel, Nelken und Szechuanpfeffer zusammen mahlen oder im Mörser fein zerstoßen. Die Orange heiß waschen und trocken tupfen. Die Schale mit dem Sparschäler dünn abschälen und mit Zwiebeln, Knoblauch, Ingwer und der Gewürzmischung in einer Schale vermengen. Die Orange in Scheiben schneiden.

2 Die Ente von innen mit 2 EL Salz ausstreuen, dann die Würzmischung in die Ente füllen. Die Ente mit den Bambusspießen verschließen – die Ente muss komplett verschlossen sein und darf keine Öffnungen oder Beschädigungen an der Haut aufweisen.

3 In einem großen Topf 2 l Wasser mit Essig, Honig oder Zucker, Orangenscheiben und 1 EL Salz aufkochen. Die Ente in das saubere Spülbecken legen, am Hals festhalten und die Flüssigkeit mit einer Suppenkelle nach und nach über die Ente gießen. Die Ente 12 Std. im Kühlschrank ruhen lassen, dabei nicht abdecken.

4 Den Backofen auf 90° Ober-/Unterhitze vorheizen. Die Ente auf den Ofenrost legen und in den Ofen (Mitte) schieben. Darunter ein tiefes Backblech einschieben. Die Ente 1 Std. garen. Die Ofentemperatur auf 180° erhöhen und die Ente weitere 35 Min. braten. Die Ofentemperatur auf 190° erhöhen und die Ente in 8–10 Min. auf Sicht knusprig braten – dabei gut im Auge behalten, damit sie nicht verbrennt. Herausnehmen und portionieren.

SERVIER-TIPP

Zum Servieren die Ente in Stücke schneiden und mit Hoisin-Sauce, längs in dünne Streifen geschnittenem Lauch und Salatgurken-Streifen in neutrale (ungesüßte) Crêpes einwickeln. Guten Appetit!

LAMMBRATEN
NICHT NUR AN OSTERN

An Ostern haben tierische Symbole Hochkonjunktur. Hühner legen Eier, die von Hasen versteckt werden; sind alle gefunden, wartet auf der Festtagstafel traditionell das Osterlamm. Den Rest des Jahres steht Lammfleisch allerdings hierzulande selten bis gar nie auf dem Tisch: Im Schnitt sind es gerade einmal 900 g Lamm – eine verschwindend geringe Menge innerhalb der gut 60 Kilo Fleisch, die im Laufe eines Jahres durchschnittlich pro Kopf verdrückt werden.

Ein Grund dafür mag der ganz eigene, mehr oder weniger intensive Geschmack des Fleisches sein, den die Tiere ab einem bestimmten Alter entwickeln – ein gewisser »Hautgout«, dem viele eher abgeneigt sind. In anderen Ländern und Kulturen ist man da weniger bzw. in entgegengesetzter Hinsicht gerade doppelt wählerisch: Wo andere Fleischsorten aus religiösen Gründen tabu sind, oder die genügsamen Schafe im Gegensatz zu anderem Weidevieh auch in kargen, trockenen Regionen noch Futter finden, erfährt Lamm-, Schaf- und Hammelfleisch eine weitaus höhere Wertschätzung. In den Ländern des Mittelmeerraums, im Nahen Osten, Israel und vielen islamischen Staaten gilt gegrilltes oder gebratenes Lamm als Inbegriff eines Festmahls – nicht nur einmal im Jahr. Besondere Zubereitungsarten, Gewürze und Zutaten machen es zur Delikatesse: Saftig, zart und aromatisch wird ein Lammbraten zum Geschmackserlebnis, bei dem garantiert jeder allzu strenge Eigengeschmack komplett verschwindet.

LAMMSCHULTER AUS DEM OFEN

Für 4 Personen

20 Min. Zubereitung
2 Std. Marinieren
3 Std. 45 Min. Garen

- **1 EL Kreuzkümmelsamen**
- **½ EL Korianderkörner**
- **1 TL Fenchelsamen**
- **1 TL schwarze Pfefferkörner**
- **2 Nelken**
- **1 Zimtstange (halbiert)**
- **6 Knoblauchzehen**
- **1 Stück Ingwer (ca. 2 cm lang)**
- **1 rote Chilischote**
- **4 EL neutrales Pflanzenöl**
- **1 EL Zitronensaft**
- **Salz**
- **1 Lammschulter mit Knochen (ca. 1,6 kg; möglichst Bioqualität)**

1 Für de Marinade Kreuzkümmel, Koriander, Fenchel, Pfeffer, Nelken und Zimt in einer Pfanne ohne Fett anrösten, bis die Gewürze duften. Dann die Gewürzmischung im Mörser fein zerstoßen.

2 Den Knoblauch und den Ingwer schälen und fein hacken. Die Chilischote waschen, vom Stielansatz befreien, mitsamt den Kernen fein hacken und mit Knoblauch sowie Ingwer im Mörser so fein wie möglich zerreiben. Die Paste mit der trockenen Gewürzmischung, dem Öl und dem Zitronensaft verrühren. Mit Salz abschmecken.

3 Die Lammschulter waschen, trocken tupfen, rundum mit der Marinade einreiben und zugedeckt 1–2 Std. kühl stellen.

4 Den Backofen auf 200° Ober-/Unterhitze vorheizen. Die Lammschulter in einen Bräter mit Deckel legen. Leicht salzen und 150 ml heißes Wasser angießen. Zugedeckt in den Ofen (Mitte) schieben. Die Ofentemperatur auf 150° reduzieren und die Lammschulter ca. 3 Std. 30 Min. garen, bis das Fleisch weich ist und fast vom Knochen fällt. Dabei nach der Hälfte der Zeit wenden.

5 Die Ofentemperatur auf 220° erhöhen und die Lammschulter offen in 10–15 Min. knusprig braten. Den Bräter aus dem Ofen nehmen. Das Fleisch in Scheiben vom Knochen schneiden und mit dem Bratensaft servieren.

LAMMSCHULTER LEGES LEIBGERICHT

Im Gegensatz zur ausgeruhten Lammkeule mit kurzfaserigem, zartem Fleisch und idealem Fettanteil wird eine Schulter deutlich mehr beansprucht und entwickelt wesentlich mehr Sehnen, Bindegewebe und nur wenig Fett. Einfach »schmoren lassen«, lautet daher die Devise – am besten bei Temperaturen, die gerade hoch genug sind, dass sich das zähe Bindegewebe in butterweiche Gelatine verwandeln kann, die das Fleisch saftig erhält. Für noch mehr Saft, Aroma und gegen allzu viel unbeliebten Hammelgeschmack sorgen ein paar spezielle Zutaten und nicht zuletzt, man glaubt es kaum, der Knochen.

»Lammfleisch« lautet heute die Bezeichnung für Tiere, die bei der Schlachtung nicht älter als ein Jahr sind, ansonsten spricht man generell von »Schaffleisch«. Genauer, aber auch verwirrend, war die alte Klassifizierung: »Hammelfleisch« umfasste sowohl männliche, kastrierte als auch weibliche Tiere ohne Nachwuchs unter zwei Jahren, »Bock« verwies dagegen auf das streng schmeckende Fleisch von unkastrierten, männlichen Schafen, die älter als ein Jahr sind.

1. *Das Salz in der Marinade entzieht dem Fleisch durch Osmose (s. S. 54) zunächst Flüssigkeit, die sich auf der Oberfläche sammelt. Käme das Fleisch jetzt direkt in den Ofen, würde das Wasser ratzfatz verdampfen, der Braten würde trocken. Ruht die Marinade aber länger auf der Oberfläche, diffundiert die um osmotischen Ausgleich bemühte Salzlake nach einiger Zeit zurück ins Fleisch. Dort lässt sie bestimmte Muskelproteine schwellen und löst andere auf – das Fleisch kann jetzt wie ein Schwamm Flüssigkeit aufnehmen, länger speichern und optimal saftig bleiben.*

2. *Das Salz in der Marinade wirkt sich aber nicht nur auf die Konsistenz des Fleisches aus: Neben Salz können auch alle wasserlöslichen Aromen, z. B. die des Knoblauchs, mit ins Fleisch eindringen und es »von innen« würzen. Fettlösliche Aromen wie Gewürze müssen leider draußen bleiben – sie können sich erst mit dem langsam schmelzenden Fett auf der Oberfläche verbinden und nur dort Aroma bilden. Auch wenn die Marinade voller Gewürze steckt – entscheidend ist darin zunächst das Salz!*

Ofengaren im geschlossenen Topf ist für Lammschulter eine ideale Methode. Im Gegensatz zum Garen auf der Herdplatte mit einseitiger Hitze von unten, verteilt sich Wärme im Topf gleichmäßig rundum. Der zirkulierende Wasserdampf sorgt für zusätzliche Hitze, das Fleisch gart schneller. Entgegen einem verbreiteten Irrglauben, kann es dabei aber keine Flüssigkeit von außen aufnehmen. Vielmehr tritt bei Erreichen höherer Temperaturen zwangsläufig Saft aus. Der ist jedoch nicht verloren, sondern verwandelt sich in hocharomatische Sauce – das Fleisch schmort mehr oder weniger im eigenen Saft! Für saftiges Fleisch sorgt dagegen die Kerntemperatur von gut 100°: Durch sie können sich Fett und Bindegewebe verflüssigen und das Fleisch von innen durchfeuchten. Es wird saftig und dazu noch weich und mürbe.

LAMM IM INDIEN-STYLE

Säurehaltige Zutaten wie Wein, Essig, Zitrussaft oder milchsaure Produkte in Marinaden geben zwar kaum Aroma ans Fleisch ab, machen es aber extrem zart (s. S. 30 Sauerbraten), indem sie Proteine denaturieren und so zähe Muskelfasern und Bindegewebe an der Fleischoberfläche lockern. Gewusst »wie« reicht aber nicht. Entscheidend ist »worin« und »wie lange« das Fleisch mariniert.

In Indien wird traditionell Joghurt für viele Fleischmarinaden verwendet – nicht zuletzt, damit das Fleisch selbst das höllisch heiße Fegefeuer eines Tandoori-Ofens übersteht und himmlisch zart und aromatisch bleibt. Hier macht also letztlich die Milchsäure das Fleisch zart.

1

Joghurt und andere milchsauren Produkte, etwa Buttermilch, aktivieren fleischeigene Enzyme. Diese Enzyme spalten dann die Proteine im Fleisch auf, in der Folge wird das Fleisch am Ende schön zart.

2

Während Wein-, Frucht-, oder Essigsäure schnell zu viele Proteine zerstören und die Fleischoberfläche breiig statt zart machen, schadet Milchsäure auch bei langem Marinieren nicht!

3

Milchsäure mindert den Eigengeschmack von Fleisch – darum wurde Wild früher in Buttermilch eingelegt – und Joghurt hilft bei »Hammelaroma«.

Ohne allzu hohe Temperaturen wird der Braten bereits durch die Marinade zart. Hitzeisolierend verpackt, gart das Fleisch langsam bei niedriger Hitze auf ideale Kerntemperatur: gerade noch niedrig genug, um es zartrosa, »medium«, zu erhalten und trotzdem hoch genug, um Fett und Bindegewebe zu schmelzen – und das bis in den Knochen: Der enthält nämlich Fett und Kollagen (ca. 40 %), die schmelzen und das Fleisch noch saftiger machen. Aus dem Mark wandern Aromen ins Fleisch, die für einen extra fleischigen Geschmack sorgen.

LAMMSCHULTER – LEGES LEIBGERICHT

Für 4 Personen

30 Min. Zubereitung
12 Std. Marinieren
12 Std. 40 Min. Garen

- 4 Schalotten
- 4 Knoblauchzehen
- 1 milde rote Chilischote
- 2 Bio-Zitronen
- 3 Zweige Rosmarin
- 1 TL Zimtpulver
- 1 TL gemahlener Kreuzkümmel
- 1 TL schwarzer Pfeffer aus der Mühle
- 4 EL Olivenöl
- 4 EL türkischer Joghurt
- Salz
- 2 Lammschultern mit Knochen (à ca. 1 kg; trockene, nicht vakuumierte Ware; z.B. vom türkischen Metzger; möglichst Bioqualität)
- 125 g Butter

Außerdem

- Alufolie und Backpapier (à ca. 1 m lang)

1 Die Schalotten und den Knoblauch schälen und grob zerkleinern, dabei aus dem Knoblauch jeweils den Keimling entfernen. Die Chilischote waschen, vom Stielansatz befreien und grob schneiden. Die Zitronen heiß waschen und trocken reiben. Die Schale mit dem Sparschäler dünn abschälen, die Zitronen halbieren und den Saft auspressen. Den Rosmarin waschen, die Nadeln abzupfen und mit den übrigen vorbereiteten Zutaten, Zimt, Kreuzkümmel, Pfeffer, Olivenöl, Joghurt und 2 EL Salz in den Standmixer geben. Alles so lange mixen, bis eine Paste entstanden ist.

2 Die Lammschultern waschen und gut trocken tupfen. Dann mit einem kleinem Messer rundum gleichmäßig so einstechen, dass kleine Schlitze entstehen. Die Schlitze mit der Paste füllen, mit dem Rest der Paste die Fleischoberfläche einreiben. Zwei große Stücke Alufolie auf der Arbeitsfläche und darauf zwei ebenso große Backpapierstücke ausbreiten. Die Lammschultern darauflegen und einwickeln, sodass sie komplett eingewickelt und verschlossen sind. Die Lammschultern im Kühlschrank 12 Std. marinieren.

3 Den Backofen auf 70° Umluft einschalten. Die Lammschulter-Päckchen auf ein Backblech in den Ofen (Mitte) legen und 12 Std. garen. Am Ende der Garzeit die Butter in einem Topf zerlassen und leicht bräunen.

4 Die Lammschultern aus dem Ofen nehmen. Die Päckchen vorsichtig öffnen und den Fleischsaft durch ein Sieb in eine Schüssel gießen. Die Ofentemperatur auf 180° Umluft erhöhen. Die Lammschultern auf den Ofenrost legen und mit gebräunter Butter einpinseln. Mit einem Backblech darunter in den Ofen (Mitte) schieben und in 35–40 Min. goldbraun braten.

RÖSTKARTOFFELN DAZU

Geschälte und geviertelte Kartoffeln in eine ofenfeste Schalen geben, mit Fleischsaft übergießen, während des Röstvorgangs am Ende mit der Lammschulter in den Ofen stellen und goldgelb backen.

2

FISCH & MEERESFRÜCHTE

KNOBLAUCHGARNELEN
DIE HELFEN GEGEN VAMPIRE!

Im besten Fall fühlt man sich mit knoblauchduftenden, gebratenen Garnelen direkt in den sonnigen Süden und in richtige Urlaubslaune versetzt: Als typische Tapas werden sie vor allem in Spanien gerne zu einem Gläschen Sherry oder Wein, eventuell zusammen mit einem Schälchen Aioli zum Dippen, serviert. Will man sich damit allerdings hierzulande Ferienstimmung in die heimische Küche holen, beginnen die Probleme meist schon beim Fischhändler.

Das nächste Meer ist im Regelfall weit entfernt, und auf den Eisbergen der Fachgeschäfte türmen sich Shrimps, Crevetten, Prawns oder immerhin noch Kaltwassergarnelen, die aber auch erst einmal nicht unbedingt nach Sonne, Süden und Tapas klingen. Das täuscht – trotz Namenstohuwabohu sind das alles – häufig nur landesspezifische – Bezeichnungen für Garnelen, die als längliche Krebstiere im Gegensatz zu Hummern oder Krabben keine Scheren besitzen. Und als Kaltwassergarnelen werden alle Garnelen, die in den Meeren der nördlichen Halbkugel vorkommen, bezeichnet – also auch in Spanien, wo man sie »Gambas« nennt. Kommt man mit seinem Fang Gambas im Einkaufsnetz nach Hause, hat man den Tapasabend noch lange nicht in der Tasche. Beim Braten werden die Garnelen oft ganz flott hart oder gummiartig weich, verlieren Flüssigkeit und schmecken zu wenig oder nur nach Knoblauch. Hier ist sensibles Vorgehen gefragt – nicht nur was den Knoblauch angeht.

KNOBLAUCHGARNELEN

Für 4 Personen

15 Min. Zubereitung
12 Std. Auftauen

- **600 g TK-Garnelen (küchenfertig; möglichst Bioqualität)**
- **4–6 Knoblauchzehen**
- **1 rote Chilischote**
- **½ Bund Petersilie**
- **150 ml Olivenöl**
- **Salz**
- **Pfeffer aus der Mühle**
- **1 Bio-Zitrone**

1 Die Garnelen in ca. 12 Std. im Kühlschrank auftauen lassen, z. B. über Nacht. Dann waschen und trocken tupfen.

2 Den Knoblauch schälen und fein hacken. Die Chilischote waschen, putzen und fein hacken, nach Belieben die Chilischote zuvor längs aufschneiden und die Kerne entfernen. Die Petersilie waschen und trocken schütteln, die Blätter abzupfen und fein hacken.

3 Das Olivenöl in einer großen Pfanne erhitzen. Den Knoblauch mit der Chili darin bei kleiner Hitze 1–2 Min. andünsten. Dann die Hitze leicht erhöhen. Die Garnelen in die Pfanne geben und unter Wenden 2–3 Min. braten. Zum Schluss mit Salz und Pfeffer würzen.

4 Die Zitrone heiß waschen, trocken reiben und längs vierteln. Die Garnelen mit dem Öl aus der Pfanne auf Teller geben und die Zitronenspalten dazulegen. Mit der gehackten Petersilie bestreuen. Dazu passt Weißbrot.

SEBASTIANS MEGA-KNOBI-GAMBAS

»Frisch, tiefgefroren, mit oder ohne Schale?«, lautet die nächste Frage, sind die Garnelen erst einmal beim Fischhändler oder im Supermarkt gefunden. Garnelen werden wie Fisch zu 99 Prozent direkt nach dem Fang auf dem Fischkutter eingefroren. Auch »frische« Garnelen sind also bereits einmal aufgetaut, genau wie geschälte. Denn egal ob sie später als frisch oder tiefgefroren angeboten werden, zum Pulen an Land müssen sie erst einmal wieder aufgetaut werden. Jedes erneute Auftauen und Einfrieren erhöht dabei nicht unbedingt die Qualität. Tiefgekühlt ist also im Prinzip in Ordnung – aber bitte möglichst mit Schale!

Warum werden Garnelen beim Garen eigentlich orangerosa? Dafür ist das Carotinoid Astaxanthin verantwortlich, das auch Lachs seine besondere Farbe verleiht. In Garnelen ist es allerdings molekular eng mit dem bläulichen Farbpigment Crustacyanin verbunden, das seine Lichtabsorption in blaugrau verändert. Erst durch Hitze kann sich das Astaxanthin aus der Bindung lösen und frei und lachsfarben in Erscheinung treten.

1. *Garnelen sind Sensibelchen; ihr Eiweiß gerinnt bereits ab ca. 50°– sichtbar an der Veränderung von glasig zu weiß –, ein Steak braucht knapp 20° mehr. Beim scharfen Anbraten in der Pfanne sind sie außen also meist gar, während sie innen noch roh sind. Weiter durchgegart, steigt die Temperatur außen zu sehr an, sie werden gummiartig zäh. Oder hart: Denn wie beim Steak zieht sich durch die Hitze ihr Fleisch zusammen (s. S. 48, Steak), das in den Zellen enthaltene Wasser wird nach außen erst in die Zellzwischenräume gepresst und läuft anschließend im schlimmsten Fall einfach aus.*

2. *Das intensive Aroma des Knoblauchs hat bei den extrem kurzen Garzeiten von Garnelen keine Chance: Bereits in dem Moment, in dem das Garnelenprotein in der heißen Pfanne denaturiert, schrumpfen die Zellräume, in die Geschmacksmoleküle absorbieren könnten. Sind die Garnelen einmal gar, weiß und fest, muss Knoblaucharoma draußen bleiben. Und das dauert je nach Hitze des Fetts gerade 1–2 Minuten! Zu wenig Zeit, damit sich die Knoblaucharomen im Fett entfalten können. Darum schmeckt häufig eher nur das Öl nach Knoblauch, nicht die Garnelen.*

Um mehr Knoblaucharoma in die Garnelen zu bekommen, gibt es allerdings ein paar Tricks. Dazu muss man wissen, dass das für den typischen Knoblauchgeruch und -aroma zuständige Allicin sowohl wasser- als auch fettlöslich ist. Wie bei der Lammschulter (s. S. 78) können wir uns also bei den Garnelen die osmotische Wirkung von Salz gleich doppelt nützlich machen: Etwas Salz – am besten mit gehacktem Knoblauch – vor dem Braten entzieht Garnelen zunächst Wasser. Das diffundiert aber anschließend um Ausgleich bemüht wieder zurück ins Garnelenfleisch – mit Salz und Allicin als Würze im Huckepack (s. S. 87 oben). Die Garnelen werden von innen gewürzt und können anschließend beim Braten – wie auch schon der Lammbraten – mehr Saft halten. Am Ende haben wir perfektes Knobi-Aroma.

BUTTER BEI DIE GAMBAS

Da das Knoblaucharoma nicht nur wasser-, sondern praktischerweise zusätzlich auch noch fettlöslich ist, packe ich meine Gambas in eine Marinade aus Butterschmalz – mit einer ordentlichen Prise Salz. Das Salz entzieht dem Knoblauch Wasser, das gelöstes Allicin enthält, und befördert es erst einmal in die Butterfettmarinade. Die wirkt gleich mehrfach – darum nicht mit Fett sparen!

Die Behandlung mit Butterschmalz dauert, vollkommen klar. Aber sie bringt uns genau das an Zeit, was die Garnelen und der Knoblauch brauchen, um sich aromatisch perfekt verbinden und entfalten zu können – und zwar sowohl beim Marinieren als auch später beim Braten.

1. *Bereits beim Hacken von Knoblauch baut sich das intensive Allicin unter Sauerstoffeinfluss zu weniger aromatischen Verbindungen ab und verfliegt. In Fett dagegen löst es sich und wird darin vor Luft geschützt.*

2. *Einmal flüssig, verteilt sich das Butterfett gleichmäßig über die Garnelen bis in die kleinste Ritze und sorgt so überall für ein volles, gut gelöstes Knoblaucharoma.*

3. *Indem Fett und Garnelen dieselbe Temperatur haben, erwärmen sie sich langsam und gemeinsam – das Aroma hat Zeit ins Garnelenfleisch zu gelangen.*

Im Gegensatz zu Rezepten, bei denen Garnelen brutal ins heiße Fett kommen und mehr oder weniger sofort gegart in Schockstarre verfallen, haben sie bei mir Zeit selbst Aroma zu entwickeln und welches von außen anzunehmen. Wie bei Confit, bei dem normalerweise Gänsekeulen in Gänsefett bei minimalen Temperaturen garen, gelangen Garnelen und Fett gemeinsam zum Aromahöhepunkt und zur nötigen Gartemperatur. Das Garnelenfleisch verliert null Wasser, bleibt weich, supersaftig und schmeckt rundum intensiv nach Knoblauch.

KNOBI-GARNELEN MIT GELINGGARANTIE

Für 4 Personen

40 Min. Zubereitung
2 Std. Kühlen
25 Min. Garen

- **1,3 kg Garnelen (8/12, mit Kopf und Schale; möglichst Bioqualität)**
- **1 milde rote Chilischote**
- **1 EL Olivenöl**
- **5 Knoblauchzehen**
- **75 ml Weißwein**
- **3 Zweige Thymian**
- **250 g Butterschmalz**
- **Salz**
- **75 ml Milch**
- **geräuchertes Paprikapulver (z. B. Pimentón de la vera)**
- **500 ml neutrales Pflanzenöl**
- **1 Bio-Zitrone**

1 Von den Garnelen den Kopf abdrehen, mit einer Schere die Oberseite aufschneiden und die Schale samt Schwanzfächer ablösen. Die Garnelen am Rücken entlang (nicht zu tief) einschneiden und den Darm vorsichtig herausziehen. Die Garnelen waschen, vollständig trocken tupfen und mit minimalem Abstand nebeneinander in eine ofenfeste Schale legen.

2 Die Chilischote waschen und gut trocken tupfen. Das Olivenöl in einem kleinen Topf erhitzen und die Garnelenschalen darin bei mittlerer Hitze kurz anrösten. 1 Knoblauchzehe andrücken und mit der Chilischote zu den Garnelenschalen geben. Mit dem Wein ablöschen und 300 ml Wasser angießen. Einmal aufkochen, die Schalen mit einem Kochlöffel zerdrücken, beiseitestellen und auskühlen lassen.

3 Den Thymian waschen und trocken schütteln, die Blätter abzupfen. 3 Knoblauchzehen schälen, jeweils vom Keimling befreien und in feine Scheiben schneiden. Das Butterschmalz in einem Topf zerlassen und leicht erwärmen. Die Knoblauchscheiben und die Thymianblätter auf die Garnelen geben, mit 1 Prise Salz würzen. Das flüssige Butterschmalz darübergießen. Die Garnelen im Kühlschrank ca. 2 Std. kalt stellen, bis das Butterschmalz fest geworden ist.

4 Die Garnelenschalenessenz durch ein Sieb gießen, dabei die Flüssigkeit auffangen. Die aufgefangene Flüssigkeit mit der Milch (wirkt als Emulgator) in ein hohes Gefäß geben. Das geräucherte Paprikapulver hinzufügen. Die übrige Knoblauchzehe schälen, längs halbieren, vom Keimling befreien und in das Gefäß geben. Alles mit dem Pürierstab auf höchster Stufe aufschäumen, dabei das Öl langsam in einem feinen Strahl hinzufügen. Weitermixen, bis eine mayonnaiseartige Konsistenz entstanden ist. Die Zitrone heiß waschen, trocken reiben und halbieren. Den Saft einer Hälfte auspressen. Die Mayonnaise mit etwas Zitronensaft und Salz nach Belieben abschmecken.

5 Den Backofen auf 180° Umluft vorheizen. Die Garnelen im Ofen (Mitte) 25 Min. garen. Die übrige Zitronenhälfte in vier Spalten schneiden. Die Garnelen mit der Mayonnaise und den Zitronenspalten servieren.

EXTRA VIEL KNOBLAUCH

Damit man knoblauchmäßig restlos glücklich werden kann, gibt es zu meinen Gambas eine Mayo, in der noch mal extra Garnelen- und Knoblaucharoma steckt – das beste Mittel, um auch die Garnelenschalen sinnvoll zu verwerten.

FISH AND CHIPS BREXIT-STYLE

»Wildschwein, gekocht und dazu noch mit Pfefferminzsauce – das arme Schwein«, stöhnt Feinschmecker Obelix verzweifelt bei einem Gastmahl im Comicabenteuer »Asterix bei den Briten«. Jawohl, beim Teutates, englische Küche war schon immer etwas exzentrisch, um nicht zu sagen gewöhnungsbedürftig. Die Briten kochen eben gerne ihr eigenes Süppchen bzw. Yorkshire-, Black- oder Plumpudding, die allesamt nichts mit Pudding im eigentlichen Sinne zu tun haben.

Lauter Spezialitäten von den Britischen Inseln, die in der Feinschmeckernation Frankreich, dem ehemaligen Gallien, meist ebenso wenig auf große Begeisterung stoßen wie auch im Rest Europas. Gilt das für die ganze englische Küche? Nein, ein kleines Gericht konnte sich behaupten. Ausgerechnet ein einfacher Straßenimbiss aus gebackenem Fisch mit dicken frittierten Kartoffelschnitzen findet auch jenseits der Grenzen des Empires viele Freunde. Fish and Chips, das inoffizielle Nationalgericht der Briten, mag eigentlich fast jeder. Die klassische Beilage aus Erbsenbrei (Mushy Peas) und dazu ein Schuss Malzessig als Würze sind dagegen schon wieder eine Geschmacksfrage, über die man sich streiten kann. Bleibt auch mal wieder die Frage: Wer hat's erfunden? Nicht die Engländer und nicht die Schweizer. Das, was in Großbritannien als »Chips« über die Theke geht, sind nämlich nichts anderes als Pommes frites – und die kommen dann doch aus Gallien, sprich Frankreich.

FISH AND CHIPS

Für 4 Personen

1 Std. Zubereitung

- **4 festfleischige weiße Fischfilets (à 150 g, z. B. Kabeljau oder Rotbarsch)**
- **1 Bio-Zitrone**
- **weißer Pfeffer**
- **1 Eigelb (M)**
- **130 g Weizenmehl (Type 405)**
- **70 g Speisestärke**
- **Salz**
- **700 g kleine festkochende Kartoffeln (mit dünner Schale)**

Außerdem

- **ca. 3 kg Frittierfett**

1 Den Fisch waschen und trocken tupfen. Die Zitrone heiß waschen, trocken reiben und in sechs Spalten schneiden. Den Saft aus zwei Zitronenspalten auspressen und den Fisch damit einreiben. Den Fisch mit Pfeffer würzen. Das Eigelb mit 250 ml Wasser, 100 g Mehl, der Speisestärke und 1 großen Prise Salz in einer Schüssel zu einem glatten Teig verrühren.

2 Die Kartoffeln gründlich waschen und der Länge nach vierteln. In einer Fritteuse oder in einem großen Topf die Hälfte des Frittierfetts auf 150° erhitzen. Die Kartoffelviertel darin portionsweise jeweils 2–3 Min. frittieren, bis sie zu bräunen beginnen. Mit einem Schaumlöffel herausheben und abtropfen lassen. Wichtig: Keinesfalls zu viele Kartoffelviertel auf einmal frittieren, weil sonst das Fett zu sehr abkühlt und die Chips sich dann mit Fett vollsaugen.

3 In einer weiteren Fritteuse oder einem zweiten Topf für den Fisch das übrige Fett (ca. 1,5 kg) auf 170° erhitzen. Das Frittierfett der Kartoffeln ebenfalls auf 170° erhitzen. Das restliche Mehl (30 g) auf einen tiefen Teller geben.

4 Die Fischfilets mit Salz würzen, im Mehl wenden, leicht abklopfen und durch den Teig ziehen. Je 2 Fischfilets im heißen Fett 3–4 Min. goldgelb frittieren. Inzwischen die Chips portionsweise im Kartoffel-Frittierfett ein zweites Mal frittieren, bis sie goldbraun und knusprig sind. Herausnehmen, abtropfen lassen und salzen. Fish and Chips mit den übrigen Zitronenspalten servieren.

GRANATEN-KRACHER-CHIPS MADE BY LEGE

Stärke oder nicht Stärke? Das ist oft die erste Frage, wenn es darum geht, ob es fest- oder mehligkochende Kartoffeln für Chips braucht. Bloß kein Drama draus machen. Im Prinzip geht beides, wenn man weiß, was in der Fritteuse abläuft.

Beim ersten Kontakt mit dem heißen Fett tritt zunächst viel Wasser aus den Kartoffelstiften aus. Das sieht man: Es brodelt und zischt. Durch die hohe Hitze quellen und platzen gleichzeitig Stärkekügelchen an der Kartoffeloberfläche und setzen Zucker frei. Bräunungsreaktionen (Maillard-Reaktion) laufen ab, es bildet sich eine braune, knusprige Kruste. Unter der Kruste sind die Temperaturen weit niedriger, und die Kartoffel »dämpft« im Idealfall mit dem restlichen enthaltenen Wasser im Inneren gar.

Genau wie bei Bratkartoffeln entscheidet die Kartoffelsorte letztlich über das Innenleben der Chips – für den äußeren braun-knusprigen Look können unterschiedliche Tricks sorgen. Mehlig- oder vorwiegend festkochende Kartoffeln mit größerem Stärkeanteil (z. B. Agria) werden innen fluffig, pulvrig. Mit festkochenden Sorten erhalten die Chips dagegen einen cremigen, weichen Kern. Wie gesagt: Alles kein Drama, macht es einfach, wie es euch gefällt!

1. Ideal sind mehligkochende Kartoffeln mit reichlich Stärke für eine goldbraune Kruste. Mehr als genug, denn zu viel Stärke an der Oberfläche lässt die Chips beim Frittieren zu schnell bräunen und knackhart werden, im schlimmsten Fall verbrennen. Darum müssen die geschnittenen Kartoffeln erst Baden gehen – wie viel Stärke sie verlieren, lässt sich am milchigen Einweichwasser sehen. Durch die sich schnell abbauenden Zucker der Reststärke bildet sich auf der Oberfläche trotzdem schnell eine sanfte Bräunung. Die Stärke im Inneren quillt dagegen mit Wasser auf und verkleistert – die Kartoffelstäbchen werden innen je nach Wasser- und Stärkegehalt cremig weich oder leicht mehlig trocken. Beim zweiten Frittiergang setzen dann stärkere Maillard-Reaktionen ein – die Chips werden knusprig, braun und erhalten ihr typisches Frittieraroma.

2. Bei festkochenden Kartoffeln kann das Wässern entfallen. Sie enthalten weniger Stärke und damit Zucker, der verbrennen kann, dafür mehr Wasser. Das würde bei hohen Temperaturen sofort verzischen und kleine Krater bilden, in die Fett eindringen kann – die Chips würden weich und fettig. Hier hilft reduzierte Hitze: Bei Temperaturen von 150-165° garen die Kartoffeln von innen, bleiben zunächst blass und werden erst beim zweiten, heißeren Frittiergang knusprig und braun.

DER TRICK: CHIPS UND POMMES EINTRÄCHTIG VEREINT

Chips sind keine »French Fries«, also keine schlanken französischen Pommes frites, sondern deutlich dicker geschnittene und damit mehr oder weniger weiche Kartoffelstifte oder -stücke.

≠

Wir vereinen Chips und Pommes und nennen das dann einfach »lecker«. Außen mega kross und innen wattig, flauschig und weich – meine dreifach gegarten Chips stehlen sowohl der französischen als auch der britischen Variante die Show.

1. Wasser raus: Beim Vorgaren in Salzwasser quillt die Kartoffelstärke bereits auf und die Kartoffeln garen. Beim anschließenden Auskühlen und Ruhen gibt die Stärke dann aber wieder Flüssigkeit ab, die langsam nach außen wandert (Retrogradation, s. S. 150, Bratkartoffeln). Das verhindert, dass die Kruste, die sich beim anschließenden Frittieren bildet, wieder von innen aufgeweicht werden kann.

2. Stärke raus: Durch die Hitze beim ersten Frittiergang verbinden sich die Stärke und die Flüssigkeit auf der Oberfläche der Kartoffeln zu einem gelartigen Überzug – sie verkleistern, und rund um das Kartoffelstäbchen bildet sich eine Schicht, die nach und nach bräunt. Beim späteren zweiten Frittiergang, der dann bei noch größerer Hitze stattfindet, tritt aus der verkleisterten Stärke vermehrt Amylose, also Zucker, aus, der in einer Maillard-Reaktion (s. S. 66) für eine schöne Bräunung, die beliebte knusprige Kruste und das typische Frittieraroma der Chips sorgt. Die Temperatur beim ersten Frittiergang sollte deutlich niedriger sein, damit die Kartoffeln erst innen garen und genügend Wasser entweichen kann – deshalb die Kartoffelstifte vorab schon gut abtrocknen!

ALLES KLAR ?

So sorry – aber meine Chips sind leider nicht »very british«. Es sind keine fetten Kartoffelstäbchen, sondern gemütlich dicke Pommes mit einer crunchy Hülle, deren Innenleben dafür aber innen zart und mollig weich wie frischer Pulverschnee ist. Das bringt das Vorkochen der Kartoffeln in Salzwasser. Das funktioniert allerdings nur bei mäßiger, sanfter Hitze: Ab etwa 50° wird ein Teil der Stärke schon enzymatisch in Zucker umgewandelt, der das Bräunen beim Frittieren in Gang bringt. Knapp 25° mehr zerstören aber bereits das dafür verantwortliche Enzym; es quittiert den Dienst, der Bräunungsvorgang beim anschließenden Frittieren kann nicht mehr einsetzen und es heißt am Ende: Bye bye krosse Kruste!

EXTRA-KROSSER BACKFISCH À LA LEGE

»Fish and Chips« ist in Großbritannien bestes und beliebtestes Street- und Fingerfood. Kaum jemand macht es zu Hause, um dann anschließend tagelang Frittier- und Fischgeruch wie in der Imbissbude in den eigenen vier Wänden hängen zu haben. Draußen schmeckt und riecht es einfach besser, nur die Hände werden fettig. Aber come on, Backfisch ist doch auch kein Akt und so ganz etwas anderes ist der »Fish«, zu dem sich dann Chips gesellen, auch nicht: In mehr oder weniger große, dicke Stücke geschnittenes Fischfilet, durch Backteig gezogen und frittiert – fertig ist die Laube und the real Fish!

Favorit für Backfisch ist in England nach wie vor Kabeljau (engl. Cod). Sein festes, saftiges Fleisch zerfällt nach dem Garen in große schuppenartige Stücke und lässt sich so leicht mit den Fingern auseinanderzupfen oder einfach abbeißen. Aber auch andere weiße, festfleischige Fischfilets wie Seelachs (pollock) oder Schellfisch (Haddock) sind völlig in Ordnung und im Heimatland der Fish and Chips ebenfalls äußerst beliebt.

1. *Frittierteige enthalten gut doppelt bis viermal soviel Wasser wie normale Backteige. Nicht nur damit sie sich dünner ums Frittiergut legen. Durch das Wasser werden die Glutenproteine aus dem Mehl auf Distanz gehalten. Sie müssen sich weit mehr im Teig verteilen und können nur ein lockeres Netzwerk bilden. Zum Frittieren ist das perfekt. Würden sie sich wie beim Kuchen zu einem elastischen Teig verbinden, könnte dieser beim Erhitzen zäh werden. Und weil Gluten viel Wasser und Fett bindet, würde unser Backfisch nicht knusprig, sondern fettriefend und pappig.*

2. *Für mehr Knusprigkeit sorgen Mehle, die wenig oder kein Gluten, dafür aber viel Stärke enthalten, z. B. Reismehl, oder gar reine Speisestärke. Ihr Nachteil beim Backen, dass sie sich nicht zu einem festen Teig verbinden, wandelt sich bei Frittierteig zum Vorteil. In kaltem Zustand nimmt Stärke kein Wasser auf, der Teig bleibt flüssig. Erst beim Erhitzen platzen die Stärkekörnchen auf und können nun reichlich Wasser aufnehmen. Amylose wird freigesetzt, die Stärke bindet und verkleistert; aus dem flüssigen Teig wird ein fester, aber trotzdem lockerer Backteig.*

Echt stark, oder? So ein bisschen Stärke macht also einen Frittierteig wesentlich knuspriger als reines Weizenmehl. Etwas Glutenkleber ist freilich hilfreich, damit der Teig gut am Fisch haften bleibt. Darum macht es auch bei unserem Frittierteig wieder einmal die richtige Mischung perfekt: etwas Weizenmehl und dazu Kartoffelstärke oder Reismehl, die beide einen besonders niedrigen Proteingehalt haben. Dadurch absorbieren sie in kaltem Zustand kaum Wasser und es braucht nur wenig Flüssigkeit für einen Ausbackteig mit einer schön dünnen Konsistenz – entsprechend weniger Wasser muss anschließend beim Frittiervorgang verdampfen – der Teig wird blitzschnell superknusprig und unser Fisch im Innern bleibt zart und saftig. Auf diese Weise ist damit also am Ende alles so, wie wir uns das wünschen.

IMMER SCHÖN COOL UND LOCKER BLEIBEN

Die Grundlage für knusprigen Frittierteig haben wir also gefunden – aber wie lässt sich das optimieren? Statt wie Sherlock Holmes in englischen Pubs und Imbissen zu forschen, schaue ich lieber nach Japan. Dort verwendet man eine ähnliche, besonders feine Mehlmischung für Frittierteig, in dem zarte Garnelen, Fisch- und Gemüsestücke blitzschnell superkross ausgebacken werden: zu Tempura.

Für Tempurateig gibt es in Japan bereits Fertigmehlmischungen, die auch auf Weizen- und Reismehl basieren. Ich habe mir japanische Rezepte gut angeschaut und sie noch ein klein wenig »legisiert«.

1. *(Eis-)kaltes Wasser hält den Teig dickflüssiger, er haftet gut. Je weniger der Teig gerührt wird und je kürzer er steht, desto weniger Gluten bildet bzw. vernetzt sich – Klümpchen schaden nicht, langes Rühren schon.*

2. *Bier (oder notfalls auch mal Mineralwasser) enthält Kohlensäure und wirkt daher wie Backpulver: Es lockert den Teig, der sich um die Bläschen verteilen muss.*

3. *Schnaps rein! In Wasser bildet sich Gluten, in Alkohol (40 %) nicht. Und Alkohol verdunstet schneller bei Hitze als Wasser, der Teig wird knuspriger.*

Viel bringt manchmal viel: Dank Eis, Bier und Wodka und ein bisschen Know-how pimpen wir unseren Tempurateig zur perfekt dünnen, zwar etwas unregelmäßigen (da die Zutaten nur knapp verrührt werden), dafür aber umso knusprigeren Fisch-Hülle. Und weil ich auf keinen Fall möchte, dass der Teig wieder fester wird, heißt es bei mir auch »no eggs, please«. Auch wenn in klassischen Tempurateig ein Ei gehört: Die enthaltenen Proteine gerinnen bei Hitze und machen den Teig dadurch kompakter.

FISH AND CHIPS BREXIT-STYLE

Für 4 Personen

1 Std. Zubereitung
12 Std. Kühlen

- **800 g mittelgroße Kartoffeln (geeignete Sorten: z. B. Agria, Bintje oder Desiree)**
- **Meersalz**
- **400 g Weizenmehl (Type 550)**
- **200 g Reismehl**
- **2 EL Speisestärke**
- **1 EL neutrales Pflanzenöl**
- **1 Flasche Bier (330 ml)**
- **100 ml Wodka**
- **150 g Crushed Eis (aus dem Supermarkt)**
- **Salz**
- **1 TL gemahlene Kurkuma**
- **1 TL edelsüßes Paprikapulver**
- **800 g Kabeljaurückenfilet**
- **ca. 1 l Frittieröl**

1 Kartoffeln gründlich waschen und abbürsten. Mit einem Pommesschneider oder einem Messer in gleichmäßige, ca. 1,5 cm dicke Stifte schneiden. Kartoffelstifte in eine Schüssel geben. Die Schüssel ins Spülbecken stellen und 2 Min. kaltes Wasser über die Kartoffelstifte laufen lassen, sodass die Stärke abgespült wird. Das Wasser abgießen. In einem Topf 2 l Wasser mit 1 EL Meersalz zum Kochen bringen. Die Kartoffelstifte im kochenden Wasser in ca. 3 Min. sehr bissfest kochen. Kartoffelstifte in ein Sieb abgießen, abtropfen lassen und auf einem Gitter ca. 12 Std. in den Kühlschrank stellen.

2 Für den Fisch-Backteig 300 g Weizenmehl, 100 g Reismehl, 1 EL Speisestärke, Pflanzenöl, Bier, Wodka, Crushed Eis, 100 ml Wasser, 1 TL Salz, Kurkuma und Paprikapulver zügig nicht ganz glatt verrühren, sodass noch kleine Klümpchen enthalten sind. Den Fisch waschen, trocken tupfen und in vier gleichmäßige Stücke schneiden.

3 Die Kartoffelstifte aus dem Kühlschrank nehmen. Ein Gitter mit darunterliegendem Küchenpapier auf der Arbeitsfläche bereitstellen. Das Frittieröl in einem Topf oder einer Fritteuse auf 175° erhitzen und die Kartoffeln darin portionsweise je 30 Sek. frittieren. Mit einem Schaumlöffel herausheben und auf dem Gitter abtropfen lassen.

4 Übriges Reis- und Weizenmehl (je 100 g) und restliche Speisestärke (1 EL) auf einem Teller vermischen. Die Fischstücke nacheinander in der Mehlmischung wälzen, bis sie gleichmäßig damit bestäubt sind. Den Fisch mithilfe einer Gabel in den Backteig tauchen, ins heiße Öl geben und goldgelb frittieren, dabei zwischendurch ein wenig Backteig auf den Fisch tropfen lassen, den Fisch zwischendurch wenden. Den Fisch aus dem Öl nehmen und auf dem Gitter abtropfen lassen.

5 Die Chips erneut ins Öl geben und so lange frittieren, bis sie goldbraun sind. Falls nötig mit wenig Salz würzen (es wird nur wenig Salz benötig, da die Chips schon in Salzwasser gekocht wurden!). Dazu passt Malzessig zum Beträufeln der Chips.

SUPERLECKERER ABFALL

Englische Imbissbuden bieten neben gebackenem Fisch und Fritten ab und an auch noch »Scraps and Chips« an. Wobei Scraps nichts anderes sind als abgefallene Frittierteigstücke, die im schlimmsten Fall schon den ganzen Tag im Fett herumschwimmen. Sind aber trotzdem lecker – drum mache ich sie lieber frisch und tropfe noch ein bisschen mehr Teig auf den Fisch, wenn dieser bereits im Öl schwimmt.

BEILAGEN-TIPP

Mashed Peas (gestampfte Erbsen) passen hervorragend dazu. 800 g TK-Erbsen in einem Topf knapp mit Gemüsebrühe bedecken, aufkochen und in ca. 5 Min. gar kochen. Mit dem Pürierstab grob zerkleinern, etwas frische Minze und 2 TL kalte Butter untermengen. Zum Schluss mit Salz und frisch geriebener Muskatnuss abschmecken.

FISCHFRIKADELLEN WIE IM HOHEN NORDEN

»Samstagabend, 'n Kööm und 'n kühles Blondes. Und auf die Schnelle noch ne Fischfrikadelle« – was da schön schnoodrig von der Hamburger Band »Fettes Brot« gerappt wurde, beschreibt im Prinzip nichts weniger als höchste kulinarische Ekstase, wie sie im hohen Norden zelebriert wird. Von ihren süddeutschen Nachbarn werden Norddeutsche ja nicht selten als recht bodenständig, genügsam und etwas unterkühlt charakterisiert. Da mag was dran sein, jo.

Allzu viele Worte übers Essen machen die Nordlichter jedenfalls nicht freiwillig und schon gar kein großes Bohei in der Küche. Neben Grünkohl mit Pinkel lieben sie vor allem Fisch: Labskaus, Pannfisch, Aalsuppe oder Fischbrötchen, in denen neben Matjes und Hering auch mal Krabben oder sogar Fischfrikadellen stecken können. Letztere nennt übrigens selbst der Hamburger dann auch mal »Bremer«. Lauter einfache, schnörkellos schlichte Gerichte, ohne viel »Tüdelkram« drum herum, ganz nach der Devise, wer Meer hat, braucht weniger. Höchstens eben noch ein Bier und einen Korn. Dabei ist doch eine Fischfrikadelle was echt Feines und beweist das grundsätzliche Bestreben der Norddeutschen aus wenigem das Beste zu machen: ein Bratling aus magerem Fischfilet, Ei, dezent und sparsam gewürzt, in knuspriger Panade. Mehr braucht es tatsächlich nicht, wenn die Frikadellen so richtig nach Fisch schmecken und dazu noch supersaftig sind. Da kannste im Süden lange nach suchen …

FISCHFRIKADELLEN

Für 4 Personen

40 Min. Zubereitung

Für die Frikadellen

- 500 g Fischfilet (z. B. Seelachs)
- 2 Eier (M)
- 1 EL geriebener Meerrettich (aus dem Glas)
- 2 TL Zitronensaft
- 3 EL Paniermehl
- Salz
- Pfeffer aus der Mühle
- 4 EL Rapsöl

Für den Dip

- 150 g Crème fraîche
- 2 EL Joghurt
- 2 Cornichons (plus 2 EL Einlegesud)
- Salz
- Pfeffer aus der Mühle
- 1 Bund gemischte Kräuter (z. B. Schnittlauch, Dill, Petersilie)

1 Das Fischfilet waschen, trocken tupfen und in Würfel schneiden. Fisch mit Eiern, Meerrettich und Zitronensaft in den Mixer oder in die Küchenmaschine mit Messereinsatz geben und glatt pürieren. Das Paniermehl untermischen und die Masse mit Salz und Pfeffer würzen.

2 Aus der Fischmasse mit angefeuchteten Händen zwölf gleich große Frikadellen formen. Die Fischfrikadellen 10 Min. ins Tiefkühlfach legen.

3 Inzwischen für den Dip die Crème fraîche mit dem Joghurt und dem Einlegesud der Cornichons verrühren, mit Salz und Pfeffer würzen. Die Kräuter waschen, trocken schütteln und fein schneiden oder hacken. Die Cornichons in kleine Würfel schneiden und mit den Kräutern unter den Dip rühren. Den Dip kalt stellen.

4 Für die Frikadellen das Öl in einer großen beschichteten Pfanne erhitzen. Die Frikadellen darin bei mittlerer Hitze auf jeder Seite 3–4 Min. goldbraun braten. Mit dem Dip servieren.

LEGES FISCHFRIKADELLEN MIT BISS

Im Gegensatz zu Hackfleischfrikadellen brauchen zarte Fischfrikadellen etwas mehr Zuwendung, damit sie saftig, locker und nicht zu kompakt aus der Pfanne kommen. Fisch gart wesentlich schneller als Fleisch und wird trocken, darum ist »einfach so in die Pfanne hauen« weniger angesagt. Wenn es am Herd richtig heiß hergeht, sollten Fischfrikadellen zwar nicht gleich in Watte, aber immerhin – wie ein Wiener Schnitzel – in eine Panierung gepackt werden. Panierung wohlgemerkt, nicht »Panade« wie manche dazu fälschlicherweise sagen. Die brauchen wir auch noch, allerdings unter der Panierung.

Panade innen, Panierung außen, lautet die einfache Definition, die weitverbreitete Missverständnisse für immer ausräumen sollte: Als »Panade« (von frz. Panade für Brotsuppe, Brotbrei) bezeichnet der Fachmann oder die Fachfrau ein Lockerungs- und Bindemittel, das im Inneren von Bouletten oder Hackbraten wirkt. »Panierung« bezeichnet dagegen das Umhüllen von Gargut mit z. B. geriebenem Brot (lat. panis).

1. *Wird Fischfleisch zerkleinert, setzt es genau wie Fleisch klebrige Proteine frei – je nachdem, ob nur geschnitten, durchgedreht oder sogar püriert wird, weniger bzw. sehr viel. Diese Proteine sorgen bereits für eine leichte Bindung. Kommt dann aber noch Ei – und damit reichlich Protein – dazu, wird es zu viel: Beim Garen entfalten sich die Proteine zu langen Ketten und verschlingen sich untereinander zu heillosen Knäulen. Und die werden umso fester, je mehr Eiweiß vorhanden ist, mit dem Ergebnis, dass anstelle lockerer Bouletten feste, gummiartige Klopse auf den Tisch kommen.*

2. *Hier hilft eine Panade (s. S. 18, Bouletten), die als Binde-, zugleich aber auch als Lockerungsmittel fungiert: in Form von Paniermehl oder anderen stärkehaltige Bindemitteln, z. B. Stärke oder Reismehl und Flüssigkeit (aus Fisch und Ei). Die Stärkemoleküle schieben sich zwischen die Fischproteine und verhindern, dass sie sich zu stark verbinden und die Frikadellen zu fest werden. Gleichzeitig sorgen sie für Bindung, aber erst beim Erhitzen – genau wie beim Anrühren von Stärke in kaltem Wasser, tut sich zunächst nichts. Erst durch Hitze quillt die Stärke auf und bindet.*

Eine Panade bringt also nicht nur Bindung, sondern auch eine leichtere, lockerere Konsistenz in die Frikadellen. Wer sich möglichst wenig Arbeit machen möchte, püriert den Fisch einfach mit den anderen Zutaten im Mixer und hat dann weiche Fischfrikadellen – gut auch für Prothesenträger. Wer sich allerdings die Mühe macht, den Fisch nur in kleine Würfel zu schneiden, erreicht wesentlich mehr Biss und strukturelle Spannung, aber auch mehr Lockerheit. Im Gegensatz zum rabiaten, vollständigen Zerfetzen mit dem Mixermesser werden weniger Proteine freigesetzt, die verkleben können. Darum schneide ich lieber gemütlich von Hand mit dem Messer und packe noch ein paar Garnelen dazu – die bringen zusätzlich me(e)hr Aroma und noch einen kleinen extra Knack zwischen den Zähnen.

PANADE IST GUT, PANIERUNG BESSER

Damit meine Fischfrikadellen aber nicht nur schön locker werden, sondern dazu noch richtig saftig bleiben, verpasse ich ihnen neben der Panade innen noch eine Panierung außen. Eine Ummantelung, die verhindert, dass ein Großteil der Flüssigkeit in der Brathitze verdampft und das empfindliche Fischfleisch außen bereits übergart, während es innen noch roh ist.

Damit Fischfrikadellen zum echten Gesamtkunstwerk werden, ist Schichtarbeit angesagt. Es braucht Grundierung, Farbe und Lack, in Form von Mehl, nur leicht verschlagenem Ei und der eigentlichen Panierung: Paniermehl, das nichts anders ist als getrocknetes, gemahlenes Brot.

1

Schicht 1: Das Mehl nimmt zum einen die Feuchtigkeit des Fisches auf, die beim anschließenden Braten später verdampfen würde. Gleichzeitig verbindet sich die enthaltene Stärke mit den Fischproteinen.

2

Schicht 2: Ein leicht verschlagenes Ei enthält ebenfalls Proteine, die sich beim Braten entfalten, denaturieren und mit der im Mehl enthaltenen Stärke verbinden.

3

Schicht 3: Paniermehl, Panko oder Cornflakes bestimmen die Textur. Vor dem Braten etwas warten, damit sich Eiproteine und Paniermittel verbinden.

Richtige Fischfrikadellen sind eine Kunst, innen locker und saftig, außen mit goldgelber, knuspriger Kruste. Dazu müssen die Panierschichten perfekt sein: Ist die Mehlschicht zu dick, können sich Ei- und Fischproteine nicht verbinden, die Hülle fällt ab – also überschüssiges Mehl immer gut abschütteln. Ist das Ei klebrig, ist es zu schwer für eine Bindung, darum immer nur leicht und locker aufschlagen. Das Paniermehl braucht Zeit, um sich fest mit den Eiproteinen zu verbinden, also kurz ruhen lassen. Alles klar? Dann ab in die Pfanne!

LEGES FISCHFRIKADELLEN MIT BISS

Für 4 Personen

40 Min. Zubereitung
2 Std. Kühlen

Für die Frikadellen

- 400g Fischfilet (beliebige Sorte)
- 400 g Garnelen (ohne Kopf und Schale, Darm entfernt; möglichst Bioqualität)
- 2 Stangen Staudensellerie
- 2 Knoblauchzehen
- 3 EL Zwiebelwürfel
- 4 EL gehackte Petersilie
- 1 EL gehackter Dill
- Salz
- weißer Pfeffer aus der Mühle
- 2 TL mittelscharfer Senf
- 1 Ei (M)
- 3 EL Reismehl
- 1 TL Speisestärke
- 3 EL Paniermehl

Zum Panieren und Braten

- ca. 100 g Weizenmehl (Type 405)
- 2 TL edelsüßes Paprikapulver
- 3 Eier (M)
- ca. 250 g Paniermehl
- 250 ml neutrales Pflanzenöl

1 Das Fischfilet und das Garnelenfleisch mit einem großen Messer auf einem Schneidebrett so lange hacken, bis eine homogene Masse entstanden ist. Den Sellerie putzen, waschen und in feine Würfel schneiden. Den Knoblauch schälen, vom Keimling befreien und fein hacken. Die Zwiebelwürfel in einer kleinen Pfanne anschwitzen.

2 Die Fischmischung mit Selleriewürfeln, Knoblauch, Zwiebeln, Petersilie, Dill, 2 TL Salz, 1 TL Pfeffer, Senf, Ei, Reismehl, Speisestärke und Paniermehl verkneten. Die Masse mindestens 2 Std. in den Kühlschrank stellen.

3 Aus der gekühlten Fischmasse acht gleich große Bällchen formen und diese leicht zu Frikadellen flach drücken. Das Weizenmehl mit dem Paprikapulver auf einem Teller vermengen. Die Eier in einem tiefen Teller verquirlen. Das Paniermehl auf einen dritten Teller geben. Die Frikadellen nacheinander zuerst im Mehl wenden, dann durch das Ei ziehen und zum Schluss im Paniermehl wenden.

4 Das Öl in einer großen Pfanne erhitzen und die Frikadellen darin bei mittlerer Hitze auf jeder Seite in ca. 4 Min. goldgelb braten.

TURBO-SAUCE-TARTARE

Dazu passt eine ruck, zuck angerührte Sauce Tartare: 160 g Mayonnaise mit 1 kleinen gehackten Zwiebel, 1 grob zerkleinerten Essiggurke 2 TL gehackter Petersilie, 1 gehackten Sardelle, je 1 Prise Salz und Pfeffer sowie je 1 Schuss Zitronensaft und Worcestersauce verrühren.

DORADEN IM PÄCKCHEN
EILPOST AUS NEUSEELAND

Frankreich gilt sicher zu Recht nach wie vor als die Feinschmeckernation schlechthin. Nicht wegen Käse, Baguette oder Wein, sondern weil unendlich viele Zubereitungsarten, die heute in der gehobenen Küche Standard sind, dort ihre kulinarische Wiege haben. Französische Küchenkunst gilt als raffiniert und kompliziert: Tranchieren, Soufflieren oder gar Bardieren – das klingt nach großer Küchenschlacht, die sich nur mit taktischem Geschick und großem Können schlagen lässt.

Das Ausarbeiten und stetige Verfeinern neuer Techniken war seit jeher das Bestreben gallischer Küchenchefs. Dabei entstand Furchteinflößendes wie die berüchtigte »Entenpresse«, aber auch schlichte, das Aroma schonende Garmethoden, wie das Zubereiten »en papillotte« – das Garen im Papierpäckchen. Besonders empfindliche Zutaten wie zartes Gemüse, Pilze oder Fisch profitieren vom Garen in Hülle, da sie extrem saftig bleiben und sich eine Fülle an Aromen entfalten kann. Kompliziert ist das eigentlich nicht, dafür effektvoll. So ist es in Sternelokalen auch nach wie vor dem »Maître d'hôtel«, dem Oberkellner, vorbehalten, das Papier erst bei Tisch zu lüften. Auch wenn es keiner wie die Franzosen versteht, Gerichte so zu zelebrieren, bleibt die Frage: Wer hat's erfunden? Päckchengaren hat nämlich in anderen Ländern ebenfalls Tradition, allerdings wird oft nicht in Papier sondern in Bananen-, Mais- oder Kohlblätter gepackt. Vielleicht ist also die Frage nach dem »worin« viel wesentlicher?

DORADEN IM PERGAMENT

Für 4 Personen

1 Std. Zubereitung

Für die Doraden

- **4 Doraden (à ca. 400 g; küchenfertig)**
- **1 Bio-Zitrone**
- **2 Knoblauchzehen**
- **3 Stängel glatte Petersilie**
- **2 TL Thymianblättchen**
- **2 TL Fenchelsamen**
- **5 EL Olivenöl**
- **Meersalz | Pfeffer aus der Mühle**

Für das Fenchelgemüse

- **2 Knollen Fenchel (mit Grün; ca. 500 g)**
- **3 Schalotten | 2 EL Olivenöl**
- **1 Bio-Orange | 1 Bio-Zitrone**
- **1 Lorbeerblatt | 2 TL Fenchelsamen**
- **1 TL Kreuzkümmelsamen**
- **2 EL Pastis (Anisaperitif; nach Belieben)**
- **Meersalz | Pfeffer aus der Mühle**

Außerdem

- **Backpapier und Holzspießchen**

1 Die Doraden gründlich waschen und trocken tupfen. Die Zitrone heiß waschen und trocken reiben, die Schale fein abreiben und den Saft auspressen. Den Knoblauch schälen und fein hacken. Die Petersilie waschen und trocken schütteln, die Blätter abzupfen und fein hacken. Zitronenschale, Knoblauch, Petersilie, Thymianblättchen und Fenchelsamen mit 1 EL Olivenöl vermischen. Die Bauchhöhlen der Fische mit Meersalz und Pfeffer würzen und die Kräutermischung hineinstreichen.

2 Den Backofen auf 200° Ober-/Unterhitze vorheizen. Je 1 Dorade auf einen großen Bogen Backpapier legen, mit Meersalz und Pfeffer würzen und jeweils mit 1 EL Olivenöl und 1 EL Zitronensaft beträufeln. Das Backpapier über den Fischen zusammenfalten und zu Päckchen verschließen (mit Holzspießchen zusammenstecken). Die Päckchen auf ein Backblech legen und die Doraden im Ofen (Mitte) 20 Min. garen.

3 In der Zwischenzeit für das Gemüse den Fenchel putzen und waschen. Das Fenchelgrün abzupfen und beiseitelegen. Die Fenchelknollen längs halbieren, den Strunk jeweils herausschneiden. Fenchel längs in dünne Scheiben schneiden. Die Schalotten schälen und längs in Streifen schneiden.

4 In einer weiten Pfanne das Olivenöl erhitzen, Fenchel und Schalotten darin ca. 5 Min. bei mittlerer bis großer Hitze kräftig anbraten. Die Orange und die Zitrone heiß waschen und trocken reiben. Die Schale fein abreiben und den Saft auspressen. Saft und Schale mit Lorbeer, Fenchelsamen und Kreuzkümmel zum Fenchel geben, den Pastis nach Belieben dazugießen. Das Gemüse mit Meersalz und Pfeffer würzen und ca. 5 Min. dünsten, bis der Fenchel bissfest ist. Das Gemüse zugedeckt warm halten, bis der Fisch gar ist.

5 Zum Servieren die Fischpäckchen öffnen, mit klein gezupftem Fenchelgrün bestreuen und das Gemüse dazu reichen.

ECHT-GESCHENKT-PÄCKCHEN À LA LEGE

Fisch und allzu viel Hitze mögen sich nicht – bereits bei sehr niedrigen Temperaturen (ca. 40°) entfalten sich zunächst die in rohem Zustand stark gefalteten Proteine im Fischfleisch. Sie bilden lange Fäden, die sich bei längerem Garen mehr und mehr verschlingen und vernetzen – sichtbar daran, dass sich das Fischfleisch – genau wie Hühnereiweiß beim Erhitzen – von glasig nach weiß verändert und fest wird, es gerinnt. Ist die Temperatur allerdings zu groß, werden die Proteinnetze immer engmaschiger und drücken das gesamte Wasser aus den Muskelzellen – das Fischfleisch verliert Saft und wird trocken.

Heute stammt ein Großteil der im Handel befindlichen Fische aus Aquakultur. Angesichts überfischter Meere prima – denkt jeder erst einmal. Allerdings werden den Zuchtfischen größtenteils kleine Fische aus Wildfang verfüttert. Fressen aber wenige große viele kleine Fische, ist das wohl kaum nachhaltiger. Wer mit gutem Gewissen Fisch essen will, muss daher Bioqualität kaufen, bei deren Erzeugung auf Futtermehl aus Wildfang verzichtet wird.

1. *Wer saftigen Fisch will, muss Hitze in Zaum und den Fisch unter Verschluss halten. Dazu taugt im Prinzip ein geschlossener Topf, der aber im Regelfall große Hitze speichert und an den Fisch weiterleitet. Besser sind dünnere, isolierende Materialen, wie Bratschlauch oder eine Salzkruste, unter der der Fisch begraben wird, oder – ganz altmodisch französisch – die Variante »en papillotte« – das Verpacken in Pergamentpapier. Hier gelangt die Ofenhitze langsamer ans Gargut als bei offener Garung. Ist allerdings eine gewisse Temperatur erreicht, tritt auch hier Saft aus dem Fisch aus.*

2. *Im Gegensatz zu einer offenen Form, in der austretender Fischsaft sofort in der Hitze des Ofens verdunsten würde, bleibt die Feuchtigkeit hier aber im Päckchen aus Pergament. Allerdings nur dort. Am Boden des Päckchens bildet sie zusammen mit den Würzzutaten im Fisch einen Sud, in dem der Fisch quasi im eigenen Saft gart. Der Sud macht sich nicht nur besonders gut und lecker als Sauce zum Fisch. Durch Osmose kann zumindest ein kleiner Teil des aromatisierten Safts wieder zurück in den Fisch gelangen.*

Der Fisch bleibt also in seiner Papierhülle nicht nur wesentlich saftiger, als wenn er ohne eine solche gegart würde, sondern er schmeckt dazu auch noch wunderbar nach Kräutern, Knoblauch und Fenchelgewürz – eine perfekte Würzkombination, die sowohl von innen als auch von außen wirkt. Ist der Fisch erst einmal unter der Pergamenthaube, heißt es: Augen zu und durch. Denn einmal eingepackt, lässt sich der Garzustand nicht mehr prüfen. Ein echter Blindflug in der Küche also! Um so wichtiger ist es, dass der Autopilot bzw. in diesem Fall der Backofen auf die passende Temperatur eingestellt ist. Wer der Temperaturanzeige an seinem vielleicht schon in die Jahre gekommenen Gerät nicht mehr über den Weg traut, sollte, um ganz sicherzugehen, besser ein separates Ofenthermometer dazustellen.

OFENDORADE IM MAORI-STYLE

Da ich die Doraden möglichst noch saftiger haben wollte, habe ich mich nach einem anderen Verpackungsmaterial umgeschaut. Fündig wurde ich in Neuseeland. Die Maoris packen Fisch, Fleisch oder auch Gemüse erst in Blätter und vergraben sie dann in Erdlöchern, die zuvor mit heißen Steinen ausgelegt wurden. Nach mehreren Stunden Garzeit werden sie warm und saftig zum Festmahl serviert.

Nicht jeder kann in seinem Vorgarten Löcher buddeln, um ein traditionelles »Maori-Hangi« zu veranstalten. Das Ganze lässt sich aber auch in abgespeckter Version im heimischen Herd praktizieren. Zum Verpacken nehme ich Kohlblätter, die übrigens auch die Ureinwohner Neuseelands gerne verwenden.

1

Die Kohlblätter geben im Gegensatz zu dem klassisch verwendeten trockenen Pergamentpapier einen Teil ihrer Restfeuchtigkeit an den Fisch ab bzw. halten ihn von außen deutlich feuchter.

2

Durch die Hitze eines Toasters wird die Zellstruktur der Kohlblätter so aufgebrochen, dass sie sich gut biegen lassen und perfekt an den eingepackten Fisch anschmiegen können.

3

Durch das Rösten vorab und die Ofenhitze reagiert im Kohl enthaltener Zucker in einer Maillard-Reaktion: Es entstehen starke Röstaromen.

Die Kohlpäckchen halten den Fisch also nicht nur deutlich saftiger als Butterbrotpapier. Durch sie addieren sich feine Röstaromen zu den übrigen Würzzutaten, die wie beim »en papillotte«-Garen von innen und außen wirken. Das Tollste an den Doraden-Kohl-Wickeln: Außer Fischgräten bleibt hier so gut wie nichts übrig, die »Verpackung« aus Kohl kann ganz einfach und nachhaltig mitverspeist werden. Und der übrige Kohl bildet zugleich ein 1a-Beilagengemüse und gemütlich-aromatisches Bett für die Kohlpäckchen.

OFENDORADE À LA MAORI

Für 4 Personen

45 Min. Zubereitung
50 Min. Garen

- **1 Spitzkohl**
- **4 Doraden (à 600 g; küchenfertig)**
- **4 kleine Zwiebeln**
- **4 Knoblauchzehen**
- **1 Stange Staudensellerie (daumendick)**
- **4 Lorbeerblätter**
- **4 TL Fenchelsamen**
- **Salz**
- **4 EL Olivenöl**
- **2 Süßkartoffeln**
- **3 Fleischtomaten**
- **1 große Zwiebel**
- **2 rote Chilischoten**
- **1 Stück Ingwer (ca. 2 cm lang)**
- **1 TL Kreuzkümmelsamen**
- **1 Bio-Orange**
- **2 Bio-Zitronen**
- **1 kleine Handvoll Minzeblätter**

Außerdem

- **Toaster**

1 Den Strunk vom Spitzkohl keilförmig herausschneiden. In die entstandene Öffnung fließendes Wasser laufen lassen, bis die Blätter sich langsam von alleine lösen. Zwölf große Spitzkohlblätter von außen trocken tupfen, den restlichen Spitzkohl in daumendicke Streifen schneiden. Die großen Spitzkohlblätter in der Mitte zusammenklappen, sodass sie in den Toaster passen, und nacheinander bei maximaler Stufe toasten. Beiseitestellen und abkühlen lassen.

2 Die Doraden innen und außen kalt waschen und trocken tupfen. Die kleinen Zwiebeln schälen und in dünne Streifen schneiden. Den Knoblauch schälen, vom Keimling befreien und in dünne Scheiben schneiden. Den Sellerie putzen, waschen und trocken schütteln. Die Blätter abzupfen, die Stange in feine Streifen schneiden.

3 In die Bauchhöhle jeder Dorade je ein Viertel der Zwiebeln und des Knoblauchs sowie 1 Lorbeerblatt, 1 TL Fenchelsamen, 1 TL Salz und ein Viertel der Sellerieblätter füllen. Jeden Fisch außen mit 1 TL Olivenöl einreiben. Pro Fisch je drei große Spitzkohlblätter fächerförmig überlappend auf der Arbeitsfläche ausbreiten und den Fisch darin einwickeln. Die Fischpäckchen beiseitestellen. Den Backofen auf 180° Umluft vorheizen.

4 Die Süßkartoffeln schälen und in Würfel mit ca. 1,5 cm Kantenlänge schneiden. Die Tomaten waschen und in ebenso große Stücke schneiden, dabei jeweils den Stielansatz entfernen. Die große Zwiebel schälen und ebenfalls in Würfel schneiden. Die Chilischoten waschen, vom Stielansatz befreien und in dünne Scheiben schneiden. Den Ingwer schälen und fein hacken. Die vorbereiteten Zutaten mit dem Kreuzkümmel, dem restlichen Spitzkohl, den Selleriestreifen, 2 TL Salz und dem restlichen Olivenöl (ca. 2 EL) in einer großen ofenfesten Form (die Fische sollten nebeneinander liegen) gut vermischen.

5 Die Orange und die Zitronen heiß waschen und trocken reiben. Die Schale abreiben und in der Form verteilen. Die Orange und die Zitronen schälen, in dünne Scheiben schneiden und diese flach auf dem Gemüse auslegen. Die Fische nebeneinander auf das Gemüsebett legen und im Ofen (Mitte) 50 Min. garen. Die Minzeblätter waschen und trocken tupfen. Die Doraden aus dem Ofen nehmen und mit der Minze garnieren.

KÜCHENFERTIG?

Wird ein Fisch küchenfertig angeboten, heißt das: Er ist ausgenommen und Kiemen, Rücken- sowie Seitenflosse und Schuppen sind entfernt.

HOTTEST NEWS

Damit die Hitze wie im Maori-Erdloch möglichst gleichmäßig um die Fischpäckchen verteilt ist, empfiehlt sich hier das Garen mit Umlufthitze, die gleichmäßig rundum zirkuliert.

FISCHRAGOUT MIT ESSBAREM DECKEL

Fällt das Stichwort »Ragout« kommt den meisten gleich ein weiterer Begriff in den Sinn: Ragout fin. Ein etwas nostalgisch anmutendes Gericht, das vor allem ältere Herrschaften in ebenfalls schon etwas in die Jahre gekommenen Kaffeehäusern als Mittagstisch schätzen. Dort wird Ragout fin meist in einer Variante aus Kalb- oder Hühnerfleisch, Erbsen und Champignons in heller Sauce serviert – als Beilage zu Reis oder in kleine Blätterteigpasteten gefüllt.

Ein zurückhaltend mildes Gericht, das nicht mit extravagantem, extremem Geschmack protzen will und daher auch bei Kindern und Rentnern gleichermaßen gut ankommt. Andere, die sich nach mehr kulinarischem Gaumenkitzel sehnen, denken bei einem Ragout allerdings sofort an das krasse Gegenteil: an ein deftiges Schmorgericht, wie Rinder- oder Wildragout, mit einer kräftig würzigen, dunklen Sauce. Ein Gericht, das, wie es sich aus dem französischen Wort »ragoûter« ableiten lässt, den »Gaumen bzw. den Appetit reizen« soll – nicht zuletzt durch starke intensive Aromen. Recht haben beide Seiten. Aber kann man sie auch gemeinsam mit einem Gericht glücklich machen und die Widersprüche versöhnen? Lege kann – mit einem Ragout, bei dem ausnahmsweise mal nicht Fleisch, sondern Fisch und Garnelen die Hauptrolle spielen. In der Nebenrolle: eine leichte, aber intensiv würzige Sauce. Und als Spezialeffekt verwandeln sich Pastetchen in eine veritable Fischpastete mit essbarer Haube.

FISCHRAGOUT

Für 4 Personen

25 Min. Zubereitung

- **600 g Fischfilet (z. B. Kabeljau)**
- **2 EL Zitronensaft**
- **Salz**
- **Pfeffer aus der Mühle**
- **1 Bund Frühlingszwiebeln**
- **2 kleine Möhren**
- **1 Zwiebel**
- **1 Bund Dill**
- **1 EL Butter**
- **150 ml Weißwein (oder Fischfond)**
- **150 ml Fischfond (aus dem Glas)**
- **200 g Crème fraîche**

1 Das Fischfilet kalt abspülen, trocken tupfen und in mundgerechte Stücke schneiden. Die Fischstücke mit Zitronensaft beträufeln und mit Salz sowie Pfeffer würzen.

2 Die Frühlingszwiebeln putzen, waschen und in grobe Stücke schneiden. Die Möhren putzen, schälen und in dünne Scheiben schneiden. Die Zwiebel schälen und in feine Würfel schneiden. Den Dill abbrausen und trocken schütteln, die Blättchen abzupfen und fein hacken.

3 Die Butter in einer Pfanne erhitzen und die Zwiebel darin glasig dünsten. Die Möhren dazugeben und kurz mitdünsten. Mit dem Weißwein ablöschen und den Fischfond angießen. Alles einmal aufkochen. Die Crème fraîche unterrühren und mit Salz und Pfeffer würzen.

4 Den Fisch und die Frühlingszwiebeln unter die Sauce mischen bei kleiner Hitze 5–10 Min. ziehen lassen. Den Dill einstreuen. Das Ragout sofort servieren.

LEGES FISCHRAGOUT MIT ESSBARER VERPACKUNG

Für dunkle Ragouts werden klein geschnittene Fleischstücke bei großer Hitze kräftig angebraten. Das sorgt nicht nur für intensive Röstaromen, sondern bringt auch Farbe für die spätere Sauce.

Allerdings verliert das Fleisch durch die große Hitze eine Menge Flüssigkeit und wird trocken. Darum muss es anschließend längere Zeit schmoren, damit sich Kollagen und Fett verflüssigen können und es wieder saftiger und weicher wird (s. S. 12). Im Gegensatz dazu verträgt zarter Fisch, genau wie fettarmes Geflügelfleisch, keine derartigen Torturen: Zu viel Hitze und zu langes Garen lässt ihn rettungslos austrocknen und am Ende völlig zerfallen.

Festkochende Kartoffeln haben weniger Stärke als mehligkochende und bleiben dadurch fest und schön in Form – sie eignen sich perfekt als Deckel für das Ragout. Allerdings sorgt ausgerechnet die Stärke als Mehrfachzucker unter Hitzeeinwirkung für jene Karamellisierungsprozesse, die Kartoffeln knusprig bräunen lassen. Darum gilt hier: Die geschnittenen Kartoffelscheiben nicht mehr waschen, sonst ist Stärke und eine entsprechende Bräunung passé.

1. Fisch zubereiten ist eine diffizile Angelegenheit: Grobes und scharfes (An-)braten und ewig langes Schmoren lassen ist nicht drin. Darum müssen wir die Idee des Fischragouts so erst einmal fahren und den Fisch besser ziehen lassen. Und zwar wortwörtlich: Wir pochieren die Fischstücke, wir lassen sie in heißer, aber auf keinem Fall kochender Brühe oder Garflüssigkeit ziehen. Die darf höchstens 70° heiß werden, da ab diesem Punkt die Fischproteine bereits zu denaturieren beginnen. Bei höheren Temperaturen vernetzten sie sich dann zusehends neu und pressen Wasser aus den Muskelzellen: Der Fisch wird trocken, faserig und zäh.

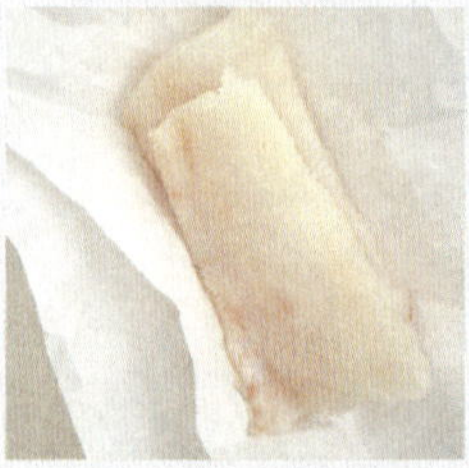

2. Wer keine Hitze verträgt, der sollte Sonne meiden. Anbraten, selbst leichtes Sautieren, bei dem Geflügel- oder Kalbfleisch für Ragout kaum Farbe annimmt, scheidet bei Fisch aus. Wir müssen unser Ragout also in ein Frikassee verwandeln: Die ungegarten Stücke kommen dabei erst in den Topf, wenn Möhren, Weißwein und Fischfond schon (möglichst ein paar Minuten länger zusammen) eine aromatische Grundlage bilden. Der Fisch verliert dann zwar Flüssigkeit, die den umgebenden Garsud aromatisiert. Gleichzeitig nimmt er aber mittels Osmose (s. S. 54) Garsud auf, wird dadurch zart und von innen aromatisiert. Wer Fisch liebt, sollte also nicht unbedingt ein echtes Ragout daraus kochen – höchstens ein Frikassee.

GUT UNTER DIE HAUBE GEBRACHT

Weil es aber auch Sonnenschirme gibt, habe ich mir etwas Ähnliches für Fisch überlegt. Statt Ragout fin in Pastetchen mache ich eine richtig fette All-in-one-Ragout-Pastete! Analog zum berühmten Shepherd's Pie,

der englischen Pastete mit Hackfleisch unter Kartoffelbreihaube, gibt es auch den Fisherman's Pie. Ein Vorbild für meine Pastete, die jedoch mit Kartoffelscheiben und Garnelen deutlich mehr Biss und Aroma hat – nicht nur für Rentner und Kinder geeignet.

1. Kartoffelscheiben wirken wie eine Isolierschicht gegen Hitze. Die darunterliegende Fisch-Gemüse-Mischung hat also deutlich mehr Zeit zu garen und vor allem Aroma zu entwickeln. Bis die für Fisch notwendige Gartemperatur erreicht ist, haben sich alle Aromen gut verbunden: Der Tomatensud schmeckt schön nach Gewürzen, Kräutern, Gemüse und vor allem Fisch.

2. Englischer Fisch-Pie hat im Regelfall weder sensorisch noch geschmacklich großen Sex-Appeal: weicher Fisch, in heller Sauce mit ebenso weichem Kartoffelbrei. Das Ganze schmeckt dann mild, heiter bis wolkig und nach nicht besonders viel – die Stärken der Briten liegen eindeutig in anderen Fischgerichten (s. S. 90 Fish and Chips). Bei mir kommt durch Gemüse und leicht knackige Garnelen texturelle Spannung ins Ragout. Zusätzlichen Knusperfaktor bietet die Kartoffelkruste obenauf: Dank Öl, das als idealer Hitzeleiter dient, bräunen die Kartoffeln und werden leicht knusprig. Und das Schönste: Keiner braucht Kalorien zu zählen – selbst in der Summe aller Zutaten bleibt der Pie kalorienarm, schmeckt entsprechend leicht und mediterran sommerlich.

ALLES KLAR ?

Dank der Kartoffelschicht bringe ich also bei meinem Fischragout eine ganze Menge unter einen Hut bzw. unter die Haube: Fisch und Garnelen sind durch osmotischen Austausch mit den Aromen der Sauce geimpft. Die Aromen von Sauce und Fisch haben genug Zeit sich intensiv zu verbinden, ohne dass der Fisch bereits verkocht. Die Kartoffelhaube fungiert als Schutz für den zarten Fisch und ist zugleich eine essbare Verpackung – formschön, schick und ökonomisch praktisch! Hier braucht es dann nicht einmal mehr Blätterteigpasteten, in die am Ende das Ragout gefüllt wird, oder Reis als Beilage – ein superschnelles, unkompliziertes Fischragout à la Lege.

FISCHRAGOUT MIT ESSBARER VERPACKUNG

Für 4 Personen

30 Min. Zubereitung
1 Std. 10 Min. Backen

- **400 g Fischfilet (Sorte nach Belieben; mind. 1 cm dick)**
- **200 g Garnelen (ohne Kopf und Schale, Darm entfernt; möglichst Bioqualität)**
- **2 Knoblauchzehen**
- **1 große Zwiebel**
- **1 kleine Knolle Fenchel**
- **2 Stangen Staudensellerie**
- **3 Zweige Thymian**
- **500 g passierte Tomaten**
- **½ TL Safranfäden**
- **2 cl Pernod**
- **500 ml Fischfond (aus dem Glas)**
- **1 TL Fenchelsamen (angestoßen)**
- **2 Lorbeerblätter**
- **2 EL Olivenöl**
- **Salz**
- **weißer Pfeffer aus der Mühle**
- **3 große festkochende Kartoffeln**
- **2 Zweige Rosmarin**
- **1 Bio-Zitrone**

1 Den Fisch und die Garnelen kalt abspülen und gut trocken tupfen, den Fisch in Würfel mit ca. 2 cm Kantenlänge schneiden. Die Knoblauchzehen schälen, jeweils vom Keimling befreien und in dünne Scheiben schneiden. Die Zwiebel schälen und in grobe Würfel schneiden. Den Fenchel und den Sellerie putzen und waschen, beides in dünne Streifen schneiden. Den Thymian waschen und die Blättchen von den Stielen zupfen.

2 Die vorbereiteten Zutaten in eine große Schüssel geben. Passierte Tomaten, Safran, Pernod, Fischfond, Fenchelsamen, Lorbeerblätter, 1 EL Olivenöl, 2 TL Salz und 1 TL Pfeffer hinzufügen. Alles vorsichtig vermengen und in eine große ofenfeste Form (ca. 35 × 25 cm) füllen.

3 Die Kartoffeln schälen, waschen und der Länge nach in dünne Scheiben schneiden oder hobeln. Die Kartoffelscheiben fächerförmig auf die Zutaten in der Form legen, sodass das komplette Ragout abgedeckt ist. Die Kartoffelhaube mit dem restlichen Olivenöl (1 EL) bepinseln. Den Backofen auf 160° Umluft vorheizen.

4 Den Rosmarin waschen und trocken tupfen. Die Nadeln abzupfen, hacken und auf den Kartoffeln verteilen. Die Zitrone heiß waschen und trocken reiben, die Schale abreiben und ebenfalls auf den Kartoffeln verteilen. Die Zitrone in dünne Spalten schneiden.

5 Das Ragout im Ofen (Mitte) 1 Std. 10 Min. backen. Dann herausnehmen und sofort servieren. Die Zitronenspalten zum Beträufeln dazu reichen.

FISCHSUPPE SCHMECKT NACH MEER

Fisch, ein Hauch Salzwasser und Meer – der Duft einer guten Fischsuppe versetzt uns sofort in ein kleines Hafenlokal irgendwo zwischen Marseille, Lissabon oder Neapel. Egal in welcher südlichen Küstenstadt in welchem Land: Überall stehen deftige Eintöpfe, mit allem was das Meer zu bieten hat, auf der Speisekarte. Wer heute allerdings eine waschechte Bouillabaisse, Burrida, Cacciucco, Caldeirada oder Zarzuela vor Ort genießen möchte, muss lange suchen.

Früher waren diese typischen Gerichte in einfachen Fischerkneipen allerorten preiswert zu finden. Denn für die Basis, die Fischbrühe, wanderte alles in den Topf, was sich im Netz fand und nicht zum Verkauf lohnte, ebenso wie die Köpfe, Gräten und was sonst noch an Abfall vom verkaufsfähigen Fang anfiel. Die Einlagen variieren dann zwar je nach Region und Verfügbarkeit der Zutaten, doch die Grundlage, die Brühe, ähnelt sich meist. Heute wird man eher in Restaurants der gehobenen Kategorie fündig. Fisch ist rar und teuer geworden und so wird häufig noch mehr Wert auf besondere Aromen und eine Brühenbasis gelegt, die den edlen, dafür sparsam eingelegen Fischstücken den perfekten Rahmen bietet – am Ende bleibt also mehr ein feines Süppchen als ein üppiger Eintopf. Ganz klar: Egal ob viel oder wenig Einlage, am Ende macht's die Brühe. Mit konzentrierter, feiner Würze und gerade ausreichend Fischaroma wird sie zur Quintessenz jeder guten Fischsuppe.

FISCHSUPPE

Für 4 Personen

1 Std. Zubereitung
1 Std. Garen

- **500 g Garnelen (mit Kopf und Schale; möglichst Bioqualität)**
- **1,7 kg Tomaten | 6 Knoblauchzehen**
- **4 Frühlingszwiebeln | 6 EL Olivenöl**
- **2 Doraden (vom Fischhändler filetieren lassen, die Karkassen aber mitnehmen)**
- **1 Schuss Grappa | 500 ml Weißwein**
- **300 g gemischte weiße Fischfilets (z. B. Kabeljau, Lengfisch)**
- **2 Möhren | 1 kleine rote Chilischote**
- **1 EL Kapern (in Salz)**
- **1 Bund wilder Fenchel (ersatzweise das Grün von 1 Knolle Fenchel)**
- **200 g Tintenfischringe**
- **Salz | Pfeffer aus der Mühle**

Außerdem

- **ca. 1 l Frittieröl**
- **8 Sardellen (küchenfertig)**
- **100 g Weizenmehl (Type 405)**
- **1 Handvoll Basilikumblätter**

1 Die Garnelen schälen und die Köpfe entfernen, Köpfe und Schalen nicht wegwerfen. Die Garnelen am Rücken längs einschneiden und die Därme vorsichtig herausziehen. Die Tomaten waschen und die Stielansätze herausschneiden. Knapp zwei Drittel der Tomaten grob schneiden, den Rest klein würfeln. Den Knoblauch schälen und in feine Streifen schneiden. Von den Frühlingszwiebeln das dunkle Grün und die Wurzeln abschneiden. Die Zwiebeln waschen und grob schneiden.

2 Das Olivenöl in einem großen Topf erhitzen. Den Knoblauch darin andünsten, die Frühlingszwiebeln dazugeben und kurz mitdünsten. Dann die Köpfe und Schalen der Garnelen und die Karkassen der Doraden dazugeben und bei starker Hitze kräftig anrösten. Die grob geschnittenen Tomaten dazugeben, anschmoren und mit dem Grappa ablöschen. Den Weißwein und ca. 800 ml Wasser dazugießen. Alles bei kleiner Hitze ca. 30 Min. köcheln lassen.

3 Den Fischsud durch ein feines Sieb gießen und auffangen, die Karkassen im Sieb gut ausdrücken. Den Fischsud zurück in den Topf geben und bei mittlerer Hitze in ca. 20 Min. auf fast die Hälfte einkochen lassen.

4 Die Doraden- und weißen Fischfilets in mundgerechte Stücke schneiden. Die Möhren putzen, schälen und in hauchdünne Scheiben schneiden. Die Chilischote waschen, vom Stielansatz befreien und in feine Ringe schneiden. Die Kapern in einem Sieb abbrausen. Den Fenchel kalt abbrausen und trocken schütteln, die Spitzen abzupfen und fein hacken. Alles mit den Tomatenwürfeln, den Garnelen und den Tintenfischringen in den Sud geben und bei kleiner Hitze ca. 10 Min. ziehen lassen. Die Suppe mit Salz und Pfeffer würzen und warm halten.

5 Inzwischen das Öl zum Frittieren in einem Topf oder einer Fritteuse auf ca. 170° erhitzen. Die Sardellen trocken tupfen, im Mehl wenden und im Öl in 3–4 Min. knusprig frittieren. Die Suppe auf Teller verteilen und die frittierten Sardellen daraufgeben. Das Basilikum waschen, die Blättchen abzupfen und ebenfalls auf die Suppe geben. Dazu passen Weißbrot und Knoblauchmayonnaise.

UNITED FLAVOURS BY LEGE

Natürlich, ein Fischeintopf mit sonnenreifen Zutaten und fangfrischen Salzwasserfischen im Urlaub in südlichen Gefilden schmeckt gleich doppelt so gut, keine Frage. Aber abgesehen von der Atmosphäre und dem sanften Wasserplätschern an der Hafenmauer können wir auch hierzulande ein prima Süppchen brauen. Die beste Basis dafür: ein richtig guter, selbst gekochter Fischfond. Darin steckt nämlich – genau wie in einer selbst zubereiteten Rinderbrühe – reichlich Inosin, ein natürlicher Geschmacksverstärker, der schon einmal als Grundlage für ein leckeres Schmeckt-nach-me(e)hr-Aroma sorgt.

Im Gegensatz zu Fleischbrühe, die umso besser wird, je länger sie kocht, liegt bei Fischbrühe die Würze eher in der Kürze. Lediglich 20 bis maximal 30 Minuten sollte sie nur leicht köcheln. Ansonsten gibt es Fischleim – im wahrsten Sinne des Wortes: Die Brühe wird kleistrig, genau wie der aus Gräten gekochte flüssige Knochenleim, der vor allem für Möbel und edle Holzantiquitäten verwendet wird.

1. *Grundlage von Fischfond sind die Fischkarkassen – also im Prinzip alles, was übrig bleibt, wenn Fische filetiert werden. Das ist restlos und nachhaltig praktisch: Die Filets gibt's als Einlage, der Rest vom Kopf bis zur Flosse kommt in den Topf. Lediglich die Kiemen sollten entfernt werden, da sie beim Kochen für einen bitteren Geschmack sorgen können. Wer richtig klare Brühe möchte, sollte die Karkassen vorab kalt wässern und beim Köcheln dann – wie bei einer Fleischbrühe – den aufsteigenden Schaum nach und nach entfernen. Kochen muss die Brühe nur ganz kurz.*

2. *Bei mediterranen Fischsuppen entfällt im Prinzip der Stress eine klare Brühe zu bekommen. Es kommt mehr auf kräftige Aromen an, drum werden Fischabschnitte und anderes »Meerzeugs« kräftig angeröstet – oft bereits mit würzenden Zutaten wie Zwiebeln und Knoblauch und Gewürzen wie Lorbeer und Kräutern. Tomaten gehören in fast jeden südlichen Eintopf, und damit hat sich das Thema klare Brühe endgültig erledigt – sie bringen neben Farbe auch den natürlichen Geschmacksverstärker, Glutaminsäure – so schmeckt's umami (s. S. 24) und doppelt lecker.*

Je nach Land kommen noch weitere, verschiedenste Zutaten und Würzen in die Brühe. So bekommen die berühmte Bouillabaisse und andere südfranzösische Suppen den leichten Hustendropskick durch (wilden) Fenchel und Anis in Form von einem guten Schuss Pastis. Italienische Suppen setzen auf viel »Pomodoro« und sind daher tomatenfruchtig und umamireich, während bei spanischen oder portugiesischen Suppen Aromen wie Safran und Paprika (z.B. auch geräuchert als Pimentón de la vera), Portwein oder Brandy starke, intensiv-würzige Akzente setzen. Und die Einlage? Hier ist oft erlaubt, was dem Koch gefällt: Fisch, Meeresfrüchte, Gemüse und Kartoffeln, geröstetes Brot oder auch mal dünne Nudeln kommen in die fertige Brühe und machen am Ende einen wohlig sättigenden Eintopf daraus.

LECKER HOCH DREI

Ich dachte mir, da geht noch was, und habe meine Fischsuppe auf Weltreise geschickt. Nach Japan, wo »Umami«, der fünfte Geschmack entdeckt wurde, und wo man genau weiß, wie sich der Schmeckt-Lecker-Faktor erhöhen lässt. Dort basieren nicht nur Fischsuppen meist auf Dashi, einer schlichten Brühe aus Wasser, Kombu-Alge und getrockneten Thunfischflocken (Bonito-Flocken).

Kombu-Algen sind (getrockneter) Seetang, der oft zur Aromatisierung, z. B. in Sushireis, mitgekocht wird. Kombu schmeckt leicht süßlich und enthält viel Glutaminsäure, die der Japaner Kikunae Ikeda 1908 als Hauptverursacher des Umami-Geschmacks identifizierte. Darum kommt bei mir Kombu in die Brühe!

1. *Nicht waschen: Bei dem weißlich, leicht kristallinen Belag auf den Algenblättern handelt es sich um den natürlichen Süßstoff Mannitol, der ein süßliches Aroma bringt und deshalb auch nicht entfernt werden sollte.*
2. *Damit noch mehr Glutaminsäure freigesetzt werden kann, die Alge in trockenem Zustand leicht mit einem Messer oder einer Gabel einritzen oder einkerben.*
3. *Kombu setzt bei zu hoher Hitze Bitterstoffe frei und sollten bei kleiner Hitze ziehen. Wegen des hohen Jodgehalts sollte die Ziehzeit max. 30 Min. betragen.*

Fischbrühe plus Kombu-Alge bringt gleich die doppelte Umami-Dröhnung: Das Inosin der Brühe erhöht nämlich die Wirkung der in der Alge enthaltenen Glutaminsäure, und zwar sogar erheblich. Die umamisatte Fischbrühe ist eigentlich schon der Knaller. Aber ich nehme sie dann als Grundlage einer weiteren Brühe, in der ich zwei weitere Umami-Bomben zünde: Speck und Tomatenmark bringen noch mal richtig massiv Umami-Wumms in den Eintopf – Fischsuppe mit m(e)ehr Geschmack geht nicht!

FISCHSUPPE À LA LEGE

Für 4 Personen

1 Std. Zubereitung
4 Std. 30 Min. Garen und Ziehen

- 1 Stück Kombu-Alge (ca. 5 × 5 cm)
- 6 gemischte Fische (à 500 g; z. B. Dorade, Wolfsbarsch, Rotbarsch, Scholle, Steinbutt)
- 10 Garnelen (ohne Kopf, mit Schale; oder andere Krustentiere; möglichst Bioqualität)
- 1 große Gemüsezwiebel
- 4 mittelgroße Möhren
- 500 g festkochende Kartoffeln
- 1 Knolle Fenchel
- 6 Stangen Staudensellerie
- 5 Champignons
- 3 Fleischtomaten
- 2 EL Olivenöl
- 500 ml Weißwein
- 2 Zweige Thymian
- 3 Lorbeerblätter
- 3 Knoblauchzehen
- 1 TL Safranfäden
- 1 TL geräuchertes Paprikapulver (z. B. Pimentón de la vera)
- 2 EL Tomatenmark
- 4 cl Pernod
- 100 g Pancetta
- 500 g Miesmuschelfleisch (gegart; oder Venusmuschelfleisch)

1 Die Kombu-Alge 30 Min. in kaltem Wasser wässern (nicht länger!). Die Fische waschen, trocken tupfen und filetieren. Die Köpfe halbieren, die Kiemen entfernen und wegwerfen. Die Garnelen kalt abspülen und schälen, die Schalen aufbewahren. Die Garnelen am Rücken entlang einschneiden und den Darm vorsichtig herausziehen. Die Fischfilets und die Garnelen zugedeckt im Kühlschrank beiseitestellen. Die Fischgräten und -köpfe sowie die Garnelenschalen in gleichmäßige Stücke schneiden.

2 Den Backofengrill auf höchster Stufe vorheizen. Die Zwiebel schälen, die Möhren putzen und schälen, die Kartoffeln gründlich waschen und schälen. Alle Schalen aufbewahren. Fenchel, Sellerie und Champignons waschen und putzen, die Putzabschnitte ebenfalls aufbewahren. Die Tomaten waschen, trocken tupfen und unter dem Grill im Ofen ca. 5 Min. grillen. Dann mithilfe eines spitzen Messers die Haut von den Tomaten abziehen.

3 Das Olivenöl in einem großen Topf erhitzen und die Fischgräten- und Garnelenschalenstücke darin kurz anschwitzen. Mit Weißwein ablöschen und 2 l kaltes Wasser dazugeben. Die aufbewahrten Gemüseschalen und -abschnitte hinzufügen. Den Thymian abbrausen und mit den Lorbeerblättern und der Kombu-Alge in den Topf geben. Alles zugedeckt zum Köcheln bringen und bei kleiner Hitze 30 Min. köcheln lassen. Dann von der Herdplatte nehmen, 3 Std. ziehen und auskühlen lassen.

4 Zwiebeln, Möhren, Kartoffeln, Fenchel, Sellerie und Champignons in kleine Würfel schneiden. Den Knoblauch schälen und klein würfeln. Alle vorbereiteten Würfel in einem großen Topf mit den Safranfäden und dem Pimentón anschwitzen. Das Tomatenmark hinzufügen und kurz mitschwitzen. Mit dem Pernod ablöschen. Den Fischfond durch ein Sieb dazugießen. Alles 1 Std. zugedeckt bei kleiner Hitze ziehen lassen.

5 Pancetta in kleine Würfel schneiden, die Würfel in einer Pfanne bei mittlerer Hitze kross anrösten, dann beiseitestellen. Fischfilets, Muschelfleisch und Garnelen in mundgerechte Stücke schneiden. Die Stücke kurz vor dem Servieren in die Suppe geben und in ca. 5 Min. gar ziehen lassen. Die Suppe in tiefen Tellern anrichten und mit Pancetta bestreuen.

KNOBLAUCHBAGUETTE DAZU

Baguette längs in Scheiben schneiden und unter dem Grill im Backofen rösten. Mit 1 halbierten Knoblauchzehe abreiben und mit etwas Olivenöl beträufeln.

3

GEMÜSE & SÜSSES

SPARGEL
BACK TO THE ROOTS

Kaum wehen die ersten lauen Lüftchen, regen sich in Deutschland ganz besondere Frühlingsgefühle. Das Objekt der Begierde? Frischer Spargel in rauen Mengen – kein anderes Gemüse wird hierzulande derartig großflächig angebaut. Nicht Sauerkraut, sondern Spargel scheint also das wahre, typisch urdeutsche Gemüse zu sein. Weißer Spargel wohlgemerkt – denn bevorzugt man in anderen Ländern die grünen Sprossen, gilt die Leidenschaft der Deutschen den unterirdischen Trieben.

Das war nicht immer so. Zu Beginn des 17. Jahrhunderts wurde auch in den ersten deutschen Spargelanbaugebieten rund um Berlin »Grünspargel« kultiviert. Erst viel später setzte sich weißer Spargel durch und erregt nun alljährlich aufs Neue die deutschen Gemüter: Wie wird er am besten serviert? Einfach puristisch mit gebräunter Butter oder mit einer opulenten Sauce hollandaise? Solo oder mit Schinken, Kartoffeln oder Ei? Und vor allem: Mit welchem Wein soll das edle Gemüse auf den Tisch kommen? All das wird mit Inbrunst diskutiert, immer mit der bangen Frage im Hinterkopf: Was entspricht bzw. hebt den besonderen Geschmack des Spargels am besten? Und auch wenn sich Zeitschriften und Magazine jedes Jahr aufs Neue mit exotischen Spargelrezepten überbieten, beharren die meisten Deutschen am Ende dann doch recht einig auf den ganz klassischen Zubereitungsarten – ganz im Dienst der Sache, denn Spargel soll vor allem intensiv nach Spargel schmecken!

GEBRATENER GRÜNER SPARGEL

Für 4 Personen

40 Min. Zubereitung

- **800 g grüner Spargel**
- **1 Bio-Orange**
- **2 Knoblauchzehen**
- **2 EL Rapsöl**
- **Salz**
- **Pfeffer aus der Mühle**
- **1 EL Honig**
- **3 EL Sojasauce**

1 Den Spargel waschen, die holzige Enden abschneiden. Die Spargelstangen im unteren Drittel schälen und anschließend schräg in 3–4 cm lange Stücke schneiden, dabei die Spargelspitzen etwas länger lassen.

2 Die Orange heiß waschen und trocken reiben, 1 TL Orangenschale fein abreiben. Die Orange halbieren und den Saft auspressen. Die Knoblauchzehen ungeschält leicht andrücken.

3 Das Rapsöl in einer großen Pfanne oder einem Wok erhitzen und die Spargelstücke mit dem Knoblauch darin bei mittlerer Hitze in 6–8 Min. bissfest braten. Das Gemüse leicht mit Salz und Pfeffer würzen.

4 Den Honig und die Orangenschale unterrühren. Mit Sojasauce und Orangensaft ablöschen, die Flüssigkeit etwas einkochen lassen und so die Spargelstücke damit glasieren. Dazu schmeckt Kartoffelpüree, Polenta oder ein einfacher Risotto.

GEBÜGELTER SPARGEL À LA LEGE

Egal ob weiß oder grün, der Geschmack von Spargel ist außergewöhnlich: leicht herb, bitter, manchmal süßlich, durch mehr oder weniger Eigenzucker. Für das typische, schwefelige Spargelaroma ist die wasserlösliche Asparaginsäure zuständig. Sie ist auch für den starken Umami-Faktor in Spargel verantwortlich und sorgt dafür, dass wir Spargel als so besonders wohlschmeckend empfinden, dass wir einfach immer noch mehr davon essen wollen. Je nach Zubereitungsart lassen sich diese einzelnen Geschmackskomponenten abschwächen oder unterstreichen. Hier heißt es dann: gewusst wie und vor allem warum.

Frischer Spargel steckt so voller Wasser, dass es quietscht. Wortwörtlich: Spargel enthält gut 95 Prozent Wasser und der hohe (Wasser-)Druck innerhalb der einzelnen Pflanzenzellen – in der Fachsprache »Turgor« genannt – führt dazu, dass frische Stangen tatsächlich quietschen, wenn man sie aneinander reibt. Das ist neben den feuchten (auf keinen Fall ausgetrockneten!) Schnittflächen beim Einkauf bestes Indiz für frische Stangenware.

1. *Um den Geschmack des Spargels zu heben oder die einzelnen feinen Aromen des Gemüses zu unterstreichen, gibt es viele Hilfsmittel. Etwas Zucker und Butter im Kochwasser mildert die in den Stangen enthaltenen Bitternoten, wobei das Fett dazu noch das grundeigene buttrige Aroma unterstreicht. An Umami reicher Schinken als Beilage verstärkt den Superlecker-Effekt, Eier ergänzen dagegen den schwefeligen Aromaanteil. Hier hat man – je nach persönlicher Vorliebe – also eine ganze Menge an Variationsmöglichkeiten bei den Zutaten oder Beilagen.*

2. *Das übliche Garen von Spargel in kochendem Wasser – selbst im speziellen Spargeltopf, in dem die empfindlichen Spitzen aufrecht gestellt oben langsamer garen – ist gelinde gesagt suboptimal: Bereits bei Temperaturen unter 80° bricht das Gerüst der Pflanzenzellen völlig zusammen, die im Spargel enthaltene große Wassermenge ergießt sich wie nach einem Dammbruch schwallartig ins Kochwasser – samt einem Großteil der wasserlöslichen Aromastoffe. Das ist zwar prima für eine Spargelsuppe, die man aus dem Sud kochen kann, geht aber auf Kosten des Gemüses.*

Egal was man dann zu dem auf diese Weise gekochten Spargel serviert – der Spargel schmeckt schlicht weniger nach Spargel! Das feine Gemüse sollte also beim Garen möglichst nicht über längere Zeit zu stark erhitzt werden, und (zusätzlich) möglichst wenig mit Wasser in Berührung kommen. Ein Dämpfeinsatz kann hier hilfreich sein. Wer keinen hat, füllt einfach die Spargelschalen zuerst als eine Art »Dämpfeinsatz« in den Topf und legt die empfindlichen Stangen dann darauf. Andere (Ofen-)garmethoden in Folie oder Bratschlauch ohne Zugabe von Wasser funktionieren auch gut, vor allem wenn man beim Garen etwas Fett in Form von Butter oder Öl zum Spargel gibt. Die Zugabe des Fettes bringen dann auch die in den zarten Stangen enthaltenen fettlöslichen Aromastoffe besser zur Entfaltung.

AB ANS BÜGELBRETT

Für Spargel brauche ich weder Topf noch Herd, sondern Bügeleisen und Toaster. Der Spargel »gart« bei mir gut eingesalzen nach dem Prinzip der Osmose vor (s. S. 54): Wasser tritt mit dem Bestreben das Salz zu verdünnen vom Spargelinnern nach außen. Der Turgor, also der Wasserdruck im Zellinneren, lässt massiv nach, das Gemüse wird weich, als wäre es gekocht.

Das »Vorgaren« mit Salz hat einen großen Vorteil: Der Spargel ist nun zwar wasserärmer und weich, enthält aber noch alle typischen Aromastoffe, die sonst ins Kochwasser geflossen wären. Diesen Aromen mache ich mit dem Bügeleisen und anderen Zutaten Dampf, damit es noch »spargeliger« schmeckt:

1

In der Süßkartoffel reichlich enthaltene unterschiedliche Zucker unterstreichen die im Spargel enthaltene Süße und mildern seine Bitterkeit – ähnlich wie das Löffelchen Zucker im Kochwasser.

2

Durch die starke Hitze beim Bügeln starten die enthaltenen Zucker eine Bräunungs- und Maillard-Reaktion (s. S. 66): das bringt Röstaromen und Karamellnoten.

3

Speck bringt Fett und erhöht den Umami-Teil: So kommen fettlösliche Aromen zum Tragen, es schmeckt intensiv buttrig-nussig und umami-hoch-zwei!

Auch wenn die Süßkartoffel und der Speck in meinem Spargelrezept auf den ersten Blick eher als eine etwas seltsame und ungewohnte Kombination zum Spargel erscheinen mag und ein Bügeleisen in der Zutatenliste zunächst gewöhnungsbedürftig ist: Durch mein »Aromabügeln« schmeckt der Spargel am Ende tatsächlich noch intensiver nach Spargel. Einfach ausprobieren – ich bin sicher, dieses Rezept à la Sebastian Lege wird am Ende auch alle Puristen unter den Spargelliebhabern und auch noch den Letzten überzeugen!

GEBÜGELTER GRÜNER SPARGEL AUF SÜSSKARTOFFEL-BRUSCHETTA

Für 4 Personen

40 Min. Zubereitung
20 Min. Ziehen

- **1 kg grüner Spargel**
- **Salz**
- **3 Süßkartoffeln**
- **150 g Frühstücksspeck (oder roher Schinken, Parmaschinken, Pancetta)**
- **Aceto balsamico (zum Beträufeln)**
- **50 g Parmesan (nach Belieben)**

Außerdem

- **Toaster**
- **Backpapier und Alufolie (à ca. 60 cm lang)**
- **Bügeleisen**

1 Den Spargel waschen, die holzige Enden abschneiden. Die Spargelstangen falls nötig im unteren Drittel schälen. Anschließend mit 2 TL Salz bestreuen und mindestens 20 Min. ziehen lassen, alternativ auch über Nacht.

2 Die Süßkartoffeln gründlich waschen und abbürsten. Dann die Süßkartoffeln längs in 0,5 cm dünne Scheiben schneiden oder hobeln. Die Süßkartoffelscheiben im Toaster auf mittlere Stufe drei- bis viermal toasten.

3 Die Alufolie auf ein Backblech legen, darauf das Backpapier. Die Zutaten portionsweise stapeln und bügeln: Auf eine Hälfte des Backpapiers drei Süßkartoffelscheiben nebeneinanderlegen, sodass eine Backpapierhälfte frei bleibt. Ein Viertel der Spargelstangen quer darauflegen. Ein Viertel der Speckscheiben wiederum entgegengesetzt auf den Spargel legen. Die unbelegte Backpapierhälfte darüberklappen. Das Bügeleisen auf höchste Stufe stellen und 15 Sek. auf die Süßkartoffel-Spargel-Stapel stellen.

4 Das Backpapier aufklappen und die gebügelten Stapel mithilfe eines Pfannenwenders auf einen Teller setzen. Die Stapel jeweils mit einer Süßkartoffelscheibe abdecken. Die übrigen Süßkartoffeln sowie die übrigen Spargelstangen und Speckscheiben auf die gleiche Weise stapeln, bügeln und auf Teller setzen. Zum Servieren mit Aceto balsamico beträufeln und nach Belieben mit Parmesan bestreuen.

SAUER MACHT'S LUSTIGER

Süß, salzig, sauer, bitter und umami sind die fünf Grundgeschmäcker. Die Süßkartoffel-Spargel-Bruschetta bringt es bereits auf vier davon – nicht schlecht. Ein Spritzer Zitronensaft oder noch besser ein paar Tropfen Aceto balsamico oder Crema di balsamico bringen dann noch den letzten fehlenden Geschmack – dann schmeckt's richtig rund! Wer möchte hobelt noch Parmesan drüber – ein zusätzlicher Umami-Booster!

OFEN STATT BÜGELN

Für wen Bügeleisen und Küche einfach nicht zusammengehen: Alternativ aus den Zutaten auf einem Backblech vier Stapel wie im Rezept beschrieben herstellen. Den Backofen auf 180° vorheizen. Die Stapel im Ofen (Mitte) backen, bis der Speck kross ist.

PILZPFANNE WIE AUF DER KIRMES

Ist von Pilzen die Rede, bekommen viele sofort leuchtende Augen, denken an raschelndes Laub, erdigen Waldgeruch und fühlen einen uralten Jäger- und Sammlerinstinkt in sich erwachen. Pilze suchen und die Beute anschließend stolz und frisch gebraten zu Hause genießen bedeutet schieres Herbstglück. Tatsächlich auf Pilzpirsch begeben sich aber nur die Wenigsten, nicht zuletzt, weil sie nicht wissen, welche Exemplare nun genau essbar und welche giftig sind.

Garantiert nichts falsch machen kann man dagegen bei Zuchtpilzen, die sich nicht bei einer abenteuerlichen Suche im Wald, sondern ganz einfach in jedem Supermarkt finden lassen. Weltweit die Nummer 1 an kultivierten Pilzen ist der Champignon. Der schneeweise Pilz erblickte einst in Frankreich das Licht der Welt und wurde lange Zeit nur in den dunklen Katakomben von Paris angebaut. Damals, zur Zeit von Ludwig XIV., galt er noch als edles, erlesenes Gemüse, das rar, teuer und nur dem Adel vorbehalten war. Heute sind Champignons ein wahres Allerweltsgemüse. Preiswert und schnell zubereitet sind Pilzpfannen rund ums Jahr ein beliebtes Alltagsessen. Und bei vielen zählen sie mindestens einmal im Jahr außer Haus zur großen Attraktion: beim Besuch einer Kirmes oder eines Weihnachtsmarktes, wo sie braun gebraten und knoblauchduftend in radgroßen Pfannen als herzhafte Alternative zu Zuckerwatte und gebrannten Mandeln angeboten werden.

PILZPFANNE

Für 4 Personen

20 Min. Zubereitung

- **1 kg Champignons**
- **2 Schalotten**
- **1 Bund Petersilie**
- **6 EL Knoblauchbutter (Fertigprodukt aus dem Kühlregal)**
- **200 g Crème fraîche**
- **200 g saure Sahne**
- **Salz**
- **Pfeffer aus der Mühle**
- **½ TL rosenscharfes Paprikapulver**

1 Die Champignons putzen und bei Bedarf trocken abreiben, größere Pilze halbieren oder vierteln. Die Schalotten schälen und in feine Würfel schneiden. Die Petersilie waschen und trocken schütteln, die Blätter abzupfen und grob hacken.

2 Die Knoblauchbutter in einer Pfanne zerlassen. Die Pilze und die Schalotte darin bei mittlerer Hitze 5 Min. braten. Die Crème fraîche und die saure Sahne unterrühren und alles 2 Min. weiterköcheln.

3 Die Pilzpfanne mit Salz und Pfeffer würzen und auf Teller verteilen. Mit Petersilie und Paprikapulver bestreuen. Perfekt dazu passt Baguette.

LEGES CHAMPIGNONPFANNE KIRMES-STYLE

Wer ins Lexikon schaut, wird überrascht sein: Pilze bilden innerhalb der biologischen Klassifikation der Lebewesen neben Tieren und Pflanzen ein eigenes Reich. Sie sind also weder Fisch noch Fleisch und auch nicht, wie oft angenommen, Gemüse. Auch keine Schwämme, wie ihr botanischer Name »fungus« (lat. Schwamm) vermuten ließe. Trotzdem verweist der Name bereits auf eine Tatsache, die bei der Zubereitung von Pilzen zum Problem wird: Pilze stecken, wie nasse Schwämme, voller Wasser, je nach Sorte sind es 80 bis 90 Prozent! Wer das und ein paar andere Dinge über Pilze weiß, tut sich leichter mit seiner Pilzpfanne.

Champignon oder Egerling – hier herrscht oft Namensverwirrung. Dabei unterscheiden beide Namen die Pilze nicht nach ihrer Farbe; Champignon ist lediglich die inzwischen auch hierzulande gängige französische Bezeichnung für einen Pilz, der im Deutschen schlicht Egerling heißt – egal ob weiß oder braun. Groß und ausgewachsen wird der dann übrigens meist als »Portobello« angeboten.

1. *Weil bereits extrem viel Wasser in Champignons steckt, sollte man nicht noch extra welches dazutun. Also besser mit einer kleinen Gemüsebürste oder nur kurz mit Wasser säubern und gut trocken tupfen. Auf keinen Fall im Wasser liegen lassen – Fungus heißt nicht umsonst Schwamm! Salzen sollte man aufgrund des hohen Wassergehalts ebenfalls besser erst gegen Garzeitende, ansonsten ziehen die Pilze zusätzlich Wasser. Zum Braten braucht es dann richtig knackige Hitze, damit möglichst viel Wasser verdampfen kann und die Pilze nicht sofort im eigenen Saft schwimmen.*

2. *Dabei sollte man einkalkulieren, dass die Pilze schrumpfen, und zwar nicht nur wegen des verdunstenden Wassers. Aufgrund der hohen Temperatur beim Braten fallen im Pilzfleisch enthaltene Luftbläschen zusammen, das Gewebe verdichtet sich, der Pilz wird härter, fester, aber auch kleiner! Bei großer Hitze geht dann die Post ab, die Pilze bräunen und entwickeln röstige, intensive Brataromen. Wer Champignons also gut und mit richtig großer Hitze brät, bekommt am Ende ein superwürziges, hocharomatisches Gericht.*

Was sonstige Würze angeht: Pilze enthalten reichlich Glutaminsäure, die für intensiven Umami-Geschmack (s. S. 24) sorgt. Und im Gegensatz zu Gemüse haben Pilze auch ordentliche Mengen an Protein zu bieten, was sie nicht nur für Vegetarier als Eiweißquelle interessant macht. Sie sind nicht nur wertvoll wie ein kleines Steak, sondern verhalten sich beim Braten eher wie Fleisch: Bei großer Hitze setzen die Aminosäuren der Proteine und enthaltene Zuckerarten verschiedene Maillard-Reaktionen in Gang. Etwas Sahne oder Crème fraîche eingerührt und es braucht weder Jäger noch Schnitzel dazu – das perfekte Veggie-Gericht. Wer allerdings optisch das Jägerschnitzel vermisst: wie wär's mal mit einem ganzen gebratenen Riesenchampignon? Schmeckt scharf angebraten super!!

MIT EXTRA VIEL KNOBLAUCH

Knoblauchpilze sind für mich wie Karussellfahren – da geht's rund in der Küche und ich fühle mich wie früher mit Opa auf der Kirmes. Zum Glück weiß ich heute, wie man die Dinger selber macht, damit sie als knubbelig kleine, schön gebräunte Knöpfe aus der Pfanne kommen und intensiv nach Knoblauch schmecken. Und für Knoblauchfans wie mich gibt's dazu noch eine Knofi-Pilz-Mayonnaise.

Zu viel Wasser ist auch das Stichwort für mich. Was tun, um die Champignons schön röstig zu kriegen, ohne dass sie allzu viel Wasser ziehen und dafür mehr Aroma bekommen? Und wie lässt sich aus wässrigen Pilzen und Öl eine Mayonnaise herstellen, bei der sich Flüssigkeit und Fett perfekt verbinden?

1

Scharf angebraten haben die Pilze gut Aroma abbekommen. Mit etwas Stärke behalten sie es: Diese verbindet sich mit dem Pilzwasser – die Oberfläche ist versiegelt und weder Pilzsaft noch Aroma können austreten.

2

Damit sich bei einer Mayonnaise Öl und wässrige Flüssigkeit verbinden, braucht es einen Emulgator – meist Ei –, der sowohl fett- als auch wasserlösliche Anteile hat.

3

Ähnlich wirken pürierte Pilze: Wasser, Zellwände und Proteine bilden winzige Moleküle, die sich zwischen Öl und Flüssigkeit (hier Milch) setzen.

Die Folge: Das Öl und der wässrige Teil können sich nicht wieder voneinander trennen, die Mayonnaise bleibt homogen und cremig. Doch da uns die geschlossenen, runden Köpfe der Champignons dafür zu schade sind, werden in der Pilzmayo die Stiele perfekt resteverwertet. In den schönen Pilzköpfen hingegen bleiben ganz und unzerschnitten die Zellen intakt und setzen weniger Wasser und vor allem Aromastoffe frei, die ansonsten schon vor dem Braten schnell »verduften« würden – beste Voraussetzungen für Pilzpfanne à la Lege!

LEGES CHAMPIGNONPFANNE KIRMES-STYLE

Für 4 Personen

40 Min. Zubereitung

Für die Pilzpfanne

- 1 kg mittelgroße braune Champignons
- 2 EL Butterschmalz
- 1 TL fein gehackter Knoblauch (ohne Keimling)
- 1 TL mildes Currypulver
- 1 TL edelsüßes Paprikapulver
- 1 TL Speisestärke
- 1 Bund Frühlingszwiebeln
- Salz

Für die Mayonnaise

- 2 Knoblauchzehen
- 150 ml Milch (am besten H-Milch)
- 500 ml neutrales Pflanzenöl
- Saft von ½ Zitrone
- Salz
- weißer Pfeffer aus der Mühle

1 Für die Pilzpfanne die Champignons bei Bedarf trocken abreiben. Die Pilzstiele gerade am Kopf abschneiden, in einer kleinen Pfanne bei mittlerer Hitze ca. 5 Min. anschwitzen und dann für die Mayonnaise beiseitestellen.

2 Das Butterschmalz in einer großen Pfanne auf höchster Stufe erhitzen. Die Champignonköpfe nach und nach in die Pfanne geben, sodass die Temperatur in der Pfanne nicht zu stark abfällt, und goldbraun braten. Den gehackten Knoblauch hinzufügen und kurz mitbraten. Currypulver, Paprikapulver und Speisestärke mischen, die Mischung auf die Champignons streuen und gut umrühren. Die Pilzpfanne vom Herd nehmen.

3 Für die Mayonnaise die Knoblauchzehen schälen, jeweils den Keimling entfernen. Die Milch mit dem Knoblauch und den angeschwitzten Champignonstielen in ein hohes Gefäß geben und mit dem Pürierstab fein mixen. Während des Pürierens nach und nach das Pflanzenöl in einem dünnen Strahl hinzufügen und alles mixen, bis eine feste Mayonnaise entstanden ist. Mit Zitrone, Salz und weißem Pfeffer abschmecken.

4 Die Frühlingszwiebeln putzen, waschen und in feine Ringe schneiden. Die Pilzpfanne auf dem Herd nochmals kurz erwärmen und mit Salz abschmecken. Die Frühlingszwiebelringe unterrühren und mit erwärmen. In einer Schüssel oder auf Tellern anrichten und mit der Knoblauchmayonnaise servieren.

RATATOUILLE MIT EINER PRISE ABENTEUER

Es ist noch gar nicht so lange her, da waren Zucchini, Auberginen und Paprika hierzulande noch echte Exoten. Genau wie Pizza, Paella oder Ratatouille, das inzwischen allseits beliebte provenzalische Schmorgericht, das auf eben all jenen Gemüsen basiert. Erst in der Adenauer-Ära, der Nachkriegswirtschaftswunderzeit, war es breiteren Kreisen der Deutschen möglich, in den Ferien ins Ausland zu reisen, wo sie Bekanntschaft mit vielen südländischen Spezialitäten machten.

Der Kanzler selbst fuhr regelmäßig an den Comer See, genoss Ruhe und Dolce Vita gleichermaßen, spielte Boccia und aß Sauerbraten. Den kochte die eigens mitgebrachte Köchin, denn das Essen vor Ort schmeckte ihm gar nicht recht. Andere waren da abenteuerlustiger. Es ging zwar oft sparsam mit dem eigenen Kleinwagen gen Süden und man zeltete, öffnete sich aber gleichzeitig dem Reiz des Neuen und gönnte sich den Luxus wenigstens einige bis dato unbekannte Speisen kennenzulernen. Als kulinarisches Souvenir brachte man neben der bastumwickelten Flasche Chianti auch sehnsüchtige Erinnerungen an genossene Tafelfreuden mit zurück. Doch wie kocht man ein Ratatouille, das nach Sonne und Urlaub schmeckt? Wohl kaum wie Sauerkraut und Kohleintopf – da musste getüftelt und probiert werden. Und auch, wenn wir heute durch die Welt reisen, Sushi und Jackfrucht kennen: Südfranzösisches Ratatouille bleibt eine kleine Herausforderung, die Entdeckergeist am heimischen Herd erfordert.

RATATOUILLE

Für 4 Personen

45 Min. Zubereitung
45 Min. Schmoren

- **1 kg vollreife Tomaten**
- **2 Auberginen (ca. 500 g)**
- **2 mittelgroße Zucchini (ca. 500 g)**
- **je 1 rote, grüne und gelbe Paprika**
- **2 rote Chilischoten**
- **250 g Zwiebeln**
- **3–4 Knoblauchzehen**
- **100 ml Olivenöl**
- **1 Zweig Rosmarin**
- **Salz**
- **Pfeffer aus der Mühle**

1 Die Tomaten kurz in kochendes Wasser legen. Kalt abbrausen, die Haut anstechen und abziehen. Die Tomaten halbieren und die Kerne mit einem Löffel herauslösen. Dann das Tomatenfruchtfleisch grob hacken, dabei die Stielansätze entfernen.

2 Die Auberginen waschen und putzen. Zunächst in 1 cm dicke Scheiben, diese dann in Würfel schneiden. In ein Sieb legen, salzen und ziehen lassen.

3 Die Zucchini waschen und putzen. Die Zucchini in Scheiben schneiden, die Scheiben größerer Zucchini nochmals halbieren. Die Paprika waschen und längs halbieren, die weißen Trennwände samt den Kernen entfernen. Die Paprika in mundgerechte Stücke schneiden. Die Chilischoten längs aufschneiden, von Stielansätzen und Kernen befreien und klein schneiden. Die Zwiebeln schälen und halbieren, die Hälften in dünne Scheiben schneiden. Den Knoblauch schälen und fein hacken.

4 Die Auberginenwürfel im Sieb kalt abbrausen und mit Küchenpapier trocken tupfen. In einem großen Topf 3–4 EL Olivenöl erhitzen. Die Zwiebeln und den Knoblauch darin bei mittlerer Hitze glasig dünsten. Dann nacheinander in kleinen Portionen die Gemüsesorten in den Topf geben und anbraten: zuerst die Paprikastücke, dann Auberginen, Zucchini und Chilischoten. Dazwischen immer wieder etwas Öl dazugeben.

5 Alles kräftig mit Salz und Pfeffer würzen. Den Rosmarin waschen und mit den gehackten Tomaten in den Topf geben. Das Ratatouille mit geschlossenem Deckel bei mittlerer Hitze ca. 45 Min. schmoren. Mit Salz und Pfeffer abschmecken.

LEGES CAMPFIRE-RATATOUILLE

Neben den typisch mediterranen Gemüsen wie Auberginen, Zucchini, Paprika, Tomaten, Zwiebeln und reichlich Knoblauch braucht es für ein Ratatouille wenig. Gutes Olivenöl und möglichst frische Kräuter – Herbes de Provence – machen die Zutatenliste für den südfranzösischen Klassiker komplett. Klar, das Gemüse sollte möglichst sonnengereift sein. Ansonsten liegt das Geheimnis aber eher in der Zubereitungsweise, die das Beste rausholt: Das Gemüse knackig anbraten und dann einfach in Ruhe schmoren lassen, damit das Gericht sein intensives Aroma und die unvergleichliche sämige Konsistenz entwickeln kann.

Tomaten bestehen zu über 90 Prozent aus Wasser, egal ob sie aus Freiland- oder Treibhauszucht stammen. Das muss beim Kochen raus, damit möglichst viel konzentriertes Tomatenaroma übrig bleibt. Auch wenn Rohkost ansonsten super ist: Tomaten dürfen und sollen sogar lange kochen – nicht zuletzt, weil erst dann reichlich enthaltenes, gesundes Lycopin freigesetzt wird, das starke antioxidative Wirkung besitzt.

1. *Klassische Garweisen für Gemüse sind hierzulande das Kochen in Wasser oder Dünsten in wenig Fett. Das mag zwar für robustes, deutsches Kraut und Rüben eine gute Lösung sein, ist aber für sehr zartes, wesentlich wasserhaltigeres Südgemüse nicht die erste Wahl. Nicht zuletzt, weil viel zu viele Aromastoffe und Vitamine im Kochwasser (s. S. 144, Leipziger Allerlei) und damit im Ausguss landen. Das Kunststück besteht also beim Ratatouille darin, gleich zu Beginn möglichst viel Wasser raus und dafür mehr Aroma reinzukriegen. Andernfalls hat man einen wässrigen Eintopf.*

2. *Es lohnt sich Auberginen (wie übrigens auch Zucchini) vor dem Garen einzusalzen. Das entzieht beiden durch Osmose (s. S. 145, Leipziger Allerlei) Wasser und den Auberginen darüber hinaus unangenehme Bitterstoffe. Anschließend verdunstet beim scharfen Anbraten noch mehr Wasser und durch unterschiedlich ablaufende Maillard-Reaktionen entstehen neue intensiv röstige Aromen. Das in den Tomaten enthaltene Wasser reicht mit der Restflüssigkeit des übrigen Gemüses beim anschließenden Garen völlig, das Gemüse schmort nur im eigenen Aromensaft.*

Unter dem geschlossenen Topfdeckel können sich beim gemütlichen Schmurgeln unterschiedlichste Aromen entwickeln und verbinden: Reichlich Olivenöl kitzelt alle fettlöslichen Aromen aus dem gesamten Topfinhalt, die sich dann mit den wasserlöslichen im konzentrierten Garsud vereinen. Hier tun dann auch die typischen »Kräuter der Provence« ihre Wirkung: Thymian, Rosmarin, Oregano und Majoran gehören meist dazu. An Sommerhitze gewöhnt sind sie mit ihren holzigen Stielen und derben Blättern im Gegensatz zu deutschen Würzklassikern wie Petersilie oder Dill auch robust genug, ihr Aroma bei üblichen Kochtemperaturen zu behalten bzw. aufzuschließen. Jetzt heißt es nur noch: Geduld bewahren, dann den Topfdeckel hochheben und tief einatmen – entgegen strömt Süden pur, versprochen!

EIN BISSCHEN ABENTEUER MUSS SEIN

Auch wenn Pauschaltourismus das Reisen heute weniger spannend als früher macht und Zucchini, Aubergine und Co. Standard in unseren Küchen sind: Ein bisschen Abenteuerlust tut jedem Küchenklassiker gut. Meine Interpretation sorgt noch für ein klein wenig ungewohntes Aroma und bringt die Erinnerungen an frühere Zeiten, Camping- und Kartoffelfeuer an den heimischen Herd!

Ein kleines Augenzwinkern, etwas Experimentierfreude und Spaß an einem neuen Aromakick ist genau mein Ding – auch beim Ratatouille. Im Ofen gegart, mit separat eingekochter Sauce schmeckt's noch kräftiger. Dabei sorgt ein kleines Stückchen Kohle ohne viel Aufwand für den ganz großen Aromaeffekt.

1

Beim Grillen bei hoher Temperatur verdunstet nicht nur blitzschnell Wasser aus dem Gemüse. Hitze und Zucker setzen starke Karamellisierungs- und Maillard-Reaktionen in Gang, die für röstige Aromen sorgen.

2

Der aufsteigende Rauch von etwas Grillkohle aromatisiert das Gemüse zusätzlich mit Räucheraromen – echt smoky, veggie und zwar ganz ohne Speck!

3

Sämig eingekochte Tomaten haben null Chance das Grillgemüse nachträglich zu verwässern – Garant für ein superschlotziges Ratatouille.

Egal ob mit oder ohne Kohle, allein das Grillen des Gemüses im Ofen bringt besonders intensive Röstaromen und spart gegenüber dem Braten in der Pfanne Zeit – nicht zuletzt, weil kein ölverspritzter Herd geputzt und stundenlang gelüftet werden muss. In dieser Zeit koche ich lieber die Tomaten mit Wein separat zu einer richtig würzigen, sämigen Tomatensauce ein, die dann im Gegensatz zu beigefügten rohen Tomatenstücken mit viel Saft auch garantiert nichts verwässern kann – das Geheimnis meines Ratatouilles!

RATATOUILLE MIT DEM GESCHMACK AUS DER FEUERSTELLE

Für 4 Personen

1 Std. Zubereitung
20 Min. Köcheln

Für die Sauce

- 1 große Zwiebel
- 2 EL Olivenöl
- 1 EL gehackter Knoblauch (ohne Keimling)
- 150 ml Rotwein
- 500 ml passierte Tomaten
- 1 Lorbeerblatt
- Salz
- Pfeffer aus der Mühle
- 3 EL Aceto balsamico

Für das gegrillte Gemüse

- 2 Auberginen (ca. 500 g)
- 2 mittelgroße Zucchini (ca. 500 g)
- 1 Knolle Fenchel
- 1 rote Paprika
- 1 grüne Paprika
- 3 rote Zwiebeln
- 2 EL Olivenöl
- 2 EL gehackter Thymian
- 2 EL Puderzucker
- 1 TL edelsüßes Paprikapulver

Außerdem

- 2 Stück Grillkohle
- kleine ofenfeste Schale

1 Für die Sauce die Zwiebel schälen und in feine Würfel schneiden. Das Olivenöl in einem mittelgroßen Topf auf dem Herd erhitzen und den Knoblauch darin goldbraun anrösten. Die Zwiebel hinzufügen und mit Rotwein ablöschen. Sobald der Rotwein verkocht ist, die passierten Tomaten und das Lorbeerblatt dazugeben. Die Sauce offen bei mittlerer Hitze ca. 20 Min. köcheln lassen.

2 Inzwischen für das Gemüse die Auberginen, die Zucchini und den Fenchel waschen, putzen und in walnussgroße Stücke schneiden. Die Paprika waschen und halbieren, die weißen Trennwände mitsamt den Kernen entfernen. Die roten Zwiebeln schälen. Die Paprika und die Zwiebeln ebenfalls in Stücke schneiden. Alle Gemüsestücke in eine Schüssel geben und mit dem Olivenöl einreiben. Thymian, Puderzucker und Paprikapulver hinzufügen.

3 Den Backofengrill auf der höchsten Stufe vorheizen. Ein Backblech mit Backpapier auslegen und das Gemüse darauf verteilen. Die Grillkohle in eine ofenfeste Schale geben, mit dem Küchenbrenner zum Glühen bringen und auf den Backofenrost (unten) stellen. Das Gemüse in den Ofen (oben) schieben und 10 Min. rösten.

4 Das gegrillte Gemüse in die Sauce geben. Das Ratatouille mit Salz, Pfeffer und Aceto balsamico abschmecken und noch so lange köcheln lassen, bis die Sauce an dem Gemüse haftet. Zum Servieren in tiefen Tellern anrichten.

LEIPZIGER ALLERLEI
EIN KESSEL GUTES

Erbsen, Möhren- und Spargelstückchen in weißer Sauce, weich gegart, als »buntes Gemüse« in der Dose aus dem Supermarktregal – so kennen heute eher die meisten von uns das einst elegante Leipziger Allerlei. Zwar war das bereits 1745 erstmals in einem Kochbuch erwähnte Gericht seinerzeit ein typisches Armeleuteessen, aber was für eins: prachtvoll bunt und üppig opulent– ein kulinarisches Sinnbild der damaligen Barockzeit.

Das Original war ein typisches Frühlingsessen mit möglichst vielen verschiedenen Gemüsen wie Spargel, Erbsen, Möhren, Blumenkohl und Rübchen ergänzt um frische Morcheln, Flusskrebse – die es damals noch in Hülle und Fülle gab – und kleine Semmelklößchen aus altbackenem Brot. Was uns heute erlesen und recht vornehm vorkommt, war damals eher banal, ein Essen für Jedermann und jede Frau, mit allem was Wald, Flur und Fluss preiswert bzw. kostenlos boten. So schlicht, dass ein Stadtschreiber der Stadt Leipzig gegen Ende der Napoleonischen Kriege 1815 sogar vorschlug, es zur Vertreibung von Bettlern und Steuereintreibern auf den Tisch zu bringen und den guten Speck besser zu verstecken. Heute gelten Flusskrebse und Morcheln als Delikatesse und das Gericht als Luxus. Nicht zuletzt, weil jedes der unterschiedlichen Gemüse darin einzeln, nacheinander gegart werden muss. In Zeiten, in denen »Zeit ist Geld« gilt, bleiben derartig aufwendige Genüsse darum meist auf der Strecke.

LEIPZIGER ALLERLEI

Für 4 Personen

1 Std. 15 Min. Zubereitung

- **10 g getrocknete Morcheln (Spitzmorcheln)**
- **350 g weißer Spargel**
- **1 TL Zucker**
- **Salz**
- **350 g Blumenkohl**
- **250 g kleine weiße Rübchen (möglichst Teltower Rübchen)**
- **75 ml Weißwein**
- **50 g Nussbutter (gebräunte Butter)**
- **250 g junge Möhren**
- **100 g Zuckerschoten**
- **200 g Flusskrebsschwänze (gegart und geschält; aus dem Kühlregal)**
- **2 EL Weizenmehl (Type 405)**
- **1 EL kalte Butter**
- **100 g Schmand**
- **Pfeffer aus der Mühle**
- **frisch geriebene Muskatnuss**
- **1 EL fein geschnittener Kerbel**

1 Die Morcheln waschen. In ca. 100 ml lauwarmem Wasser in einem Mixbecher einweichen, ab und zu schütteln, damit der Sand aus den Falten der Pilze geschwemmt wird. Von den Spargelstangen die holzigen Enden abschneiden. Die Stangen waschen und schälen. Die Spargelschalen mit ca. 200 ml Wasser, dem Zucker und etwas Salz in einem Topf ca. 10 Min. auskochen. Die Spargelstangen in ca. 5 cm lange Stücke schneiden.

2 Den Blumenkohl in kleine Röschen zerteilen und waschen. Die Rübchen schälen und jeweils vierteln. Den Spargelsud durch ein Sieb in eine Schüssel gießen, dann wieder in den Topf füllen. Den Wein und die Nussbutter dazugeben und alles aufkochen. Spargel, Blumenkohl und Rübchen darin zugedeckt bei mittlerer Hitze in ca. 15 Min. bissfest kochen.

3 Inzwischen die Möhren putzen, schälen und in ca. 3 cm lange Stücke schneiden. Die Stücke olivenförmig zurechtschneiden. Die Zuckerschoten waschen, putzen und jeweils quer halbieren. Das gegarte Gemüse mit einem Schaumlöffel in eine Schüssel heben. Die Möhrenstücke in die Brühe geben und zugedeckt 10 Min. garen.

4 Die Morcheln abtropfen lassen und leicht ausdrücken. Mit den Zuckerschoten zu den Möhren geben und alles offen bei stärkerer Hitze noch 7 Min. kochen lassen.

5 Die Krebsschwänze in einem Sieb kalt abbrausen und abtropfen lassen. Das Mehl mit der Butter verkneten, den Schmand glatt rühren.

6 Das Gemüse mit dem Schaumlöffel in die Schüssel heben. Die Mehlbutter mit einem Schneebesen in die Kochbrühe einrühren. Aufkochen lassen, bis die Sauce bindet. Den Schmand einrühren und die Sauce mit Salz, Pfeffer und Muskat abschmecken. Das Gemüse vorsichtig untermischen und erhitzen. Mit den Flusskrebsschwänzen garnieren und mit Kerbel bestreut servieren.

LEGES FIXES UND GESUNDES ALLERLEI

Das Allerlei ist allein schon durch die vielerlei Gemüsesorten der Oberhammer – mit oder ohne Morcheln. Damit die Gemüse geschmacklich voll zum Tragen kommen und auch in Sachen Vitamine und Nährstoffe möglichst viel bieten – was man speziell nach einem langen Winter gut brauchen kann – sollte man behutsam mit ihnen umgehen und ihren eigenen spezifischen Garzeiten Rechnung tragen. Damit jedes Stückchen Grün möglichst auf den Punkt gart, kommen alle separat nacheinander in den Topf, und das dauert. Dafür gibt es dann bei der Sauce einen Trick, damit sie möglichst fix fertig und trotzdem schön cremig wird.

Morcheln zählen neben Trüffeln zu den teuersten Pilzen. Kein Wunder, sie lassen sich nicht züchten und haben gerade mal von April bis Juni Saison. Getrocknet sind sie zwar ganzjährig zu haben, aber nicht eben billig. Da sie zu fast 90 Prozent aus Wasser bestehen, bleibt beim Trocknen ja auch kaum was übrig – das schmeckt allerdings so geballt intensiv, dass hier bei der jeweils verwendeten Menge getrost ein wenig gespart werden kann.

1. *Egal ob Blumenkohl, Spargel oder Möhre, im Prinzip sitzen alle Aroma- und Nährstoffe bei Gemüse neben viel Wasser fest verschlossen in den Zellen. Wie in einem Tresor, gegen Wind und Wetter geschützt durch feste Zellulosezellwände. Gemüse garen bedeutet daher im Prinzip diesen Tresor zu knacken, harte Zellloseschichten mittels Hitze zu zerlegen und das Gemüse weich zu kriegen. Dazu braucht es fast durchweg höhere Temperaturen als bei Fleisch: erst ab ca. 70° brechen Zellwände teils auf, ab 100° dann aber auch schon vollständig zusammen – das Gemüse zerkocht.*

2. *Geben die Zellwände erst einmal vollständig nach, ergießt sich das enthaltene Wasser aus dem Inneren der Pflanzenzellen nach außen – mitsamt allen Aroma- und Nährstoffen. Und die landen dann schlimmstenfalls mit dem Kochwasser im Ausguss. Beim Allerlei allerdings kein Drama, denn hier kommt das derartig aromatisierte Kochwasser als Grundlage der späteren Sauce zu neuen Ehren. Und weil es bereits durch das Auskochen der Spargelschalen reichlich Aroma aufnehmen konnte, schmeckt der anschließend darin gegarte Spargel noch »spargeliger«.*

Auch wenn es Zeit kostet: Einzeln lässt sich jedes Gemüse auf den Punkt garen. Dann später, zusammen mit dem Kochwasser und der Sauce wieder vereint, schmeckt das Leipziger Allerlei dann nach Gemüse pur. Für sämige Bindung sorgt zuletzt eine Mehlbutter: Dafür werden Mehl und Butter im Verhältnis eins zu eins ähnlich wie bei einem Mürbeteig verknetet. Dabei wird jedes einzelne Mehlpartikel von Butter überzogen. Beim Zugeben der kalten Mehlbutterstücke in die heiße Brühe, in der das Gemüse gegart wurde, schmilzt die Butter und gibt nach und nach einzelne Mehlkörner an die Sauce ab, die gut separiert in der Sauce aufquellen und sie andicken. Die Butter verhindert dabei nicht nur Klümpchenbildung, sondern auch den typischen Mehlgeschmack: Die Sauce schmeckt voll und ganz nach allerlei Gemüse.

DIE VOLLE VEGGIE-DRÖHNUNG

Geduld ist nicht unbedingt eine meiner Stärken. Darum kommt bei Leges Turbo-Allerlei das gesamte Gemüse zusammen in den Topf und gart dort ganz schnell und unkompliziert. Zugegeben, es braucht eine gewisse Zeit vorher – aber in der muss ich zum Glück gar nichts tun und kann mich ganz entspannt anderen Tätigkeiten widmen, denn hier erledigen Salz und Zucker die Arbeit.

Vor dem Garen schneide ich das Gemüse nur klein und mische es mit Salz und Zucker, um mir wieder das altbekannte Osmose-Prinzip (s. S. 54) zunutze zu machen, das bei Gemüse gleich mehrfach fantastisch wirkt. Zucker entzieht den prall gefüllten Gemüsezellen genau wie Salz zunächst jede Menge Wasser.

1

Durch Salz und Zucker lässt der Wasserdruck im Zellinneren nach und, wie bei einem Luftballon, aus dem Luft entweicht, fallen die Zellen zusammen: Das Gemüse wird weicher – fast wie gegartes Gemüses.

2

Um osmotischen Ausgleich bemüht, fließt dann ein Teil Wasser ins Gemüse zurück, mit gelöstem Salz und Zucker im Gepäck, die beide das Gemüse von innen würzen.

3

Natrium aus dem Salz ersetzt Kalzium und Magnesium des Pektins, (Baustein der Zellwände), das so geschwächt wird. Das Gemüse wird weicher.

Nachdem Salz und Zucker ihre Arbeit getan haben, ist das Gemüse geschmeidig, fast wie vorgekocht. Trotzdem sind Aromen und Vitamine, die beim Garen durch Hitze großteils zerstört worden wären, noch weitgehend enthalten – jedoch nicht im Gemüse. Mit dem Salz sind auch bei mir alle wasserlöslichen Aromen und Vitamine mit dem Zellwasser nach außen gelangt. In diesem Saft gart dann mein Gemüse kurz und unverwässert. Die fettlöslichen Aromen und Vitamine fange ich mit Butter und Crème fraîche, die auch als Bindung dienen.

LEGES LEIPZIGER ALLERLEI (SO SCHNELL WAR ICH NOCH NIE IN LEIPZIG)

Für 4 Personen

15 Min. Zubereitung
1 Std. Ziehen
12 Min. Garen

- **1 Kohlrabi**
- **2 Möhren**
- **1 Handvoll Prinzessbohnen**
- **2 Stangen Staudensellerie**
- **10 Stangen weißer Spargel**
- **Salz**
- **Zucker**
- **10 weiße Champignons**
- **150 g TK-Erbsen**
- **1 EL Krustentier-Paste**
- **50 g kalte Butter**
- **1 EL Crème fraîche**
- **frisch geriebene Muskatnuss**
- **100 g Flusskrebsschwänze (gegart und geschält; aus dem Kühlregal)**
- **2 EL glatte Petersilienblätter**

1 Den Kohlrabi und die Möhren putzen, schälen und in Würfel mit ca. 1,5 cm Kantenlänge schneiden. Die Bohnen und den Sellerie putzen und waschen. Die Bohnen jeweils quer halbieren, den Sellerie in kleine Stücke schneiden. Vom Spargel die holzigen Enden abschneiden, die Stangen schälen und in 1 cm lange Stücke schneiden.

2 Alle vorbereiteten Gemüsestücke in eine Schüssel geben und mit je 1 EL Salz und Zucker bestreuen. Alles gut durchmengen und zugedeckt 1 Std. stehen lassen.

3 Die Champignons putzen, bei Bedarf trocken abreiben, und jeweils halbieren. Das Gemüse mit dem entstandenen Saft in einen passenden Topf mit Deckel geben, die Champignons und die Erbsen hinzufügen und alles mit geschlossenem Deckel bei mittlerer Hitze 10–12 Min. köcheln lassen.

4 Die Krustentier-Paste unter das Gemüse mischen. Die kalte Butter in kleinen Stücken und die Crème fraîche einrühren. Den Topf vom Herd nehmen. Das Gemüse mit Salz und 1 Prise Muskatnuss abschmecken, zum Schluss die Flusskrebsschwänze unterheben. Zum Servieren mit der Petersilie bestreuen.

BUTTER BINDET

Wasser und Fett mögen sich eigentlich nicht – das sehen wir bei allen Fettaugen auf Saucen. Sind es allerdings keine Riesenaugen, sondern Tröpfchen, können wir die beiden dazu bringen sich zu verbinden: in Form einer Emulsion, wie wir sie von Mayonnaise kennen. So lässt sich mit Butter auch eine Sauce anbinden, sogar ganz ohne Mehl. Allerdings nur, wenn die Butterstückchen beim Unterrühren schön klein und dazu noch möglichst eiskalt sind.

BRATKARTOFFELN FÜR EMANZIPIERTE VEGETARIER/INNEN

Früher herrschten noch andere Verhältnisse, als Frauen allein für ihre Bratkartoffeln geliebt wurden. Hausfrauenkünste und der heimische Herd waren Goldes Wert und man(n) schätzte es, wenn die Kartoffeln frisch aus der Pfanne kamen: goldbraun und knusprig mit ordentlich Speck und Fett. Diese Zeiten sind passé. Frauen haben inzwischen noch anderes zu tun, als ihren Liebsten zu bekochen, und es bleibt gemeinsam Zeit nach kulinarischen Genüssen zu suchen.

Dabei scheint es, als habe die bescheidene, gemütliche Bratkartoffel deutlich an Sex-Appeal verloren. Fakt ist: Die Deutschen essen statistisch betrachtet immer weniger Kartoffeln. Vielleicht ein weiterer Grund, dass die Zubereitung eines derartig schlichten Gerichts wie Bratkartoffeln so in Vergessenheit geraten ist. Heute wird möglichst fettarm, gesund und veggie gegessen, und Süßkartoffeln und Avocados haben den ultimativen It-Faktor. Richtig gute Bratkartoffeln braten, das können nur noch wenige. Die meisten scheitern bereits bei der Wahl der passenden Kartoffel oder Pfanne, nur wenige Eingeweihte scheinen hier Bescheid zu wissen. Übrigens meist Männer, die sich in Kochklubs geheimnisvoll die idealen Zubereitungsweisen für Bratkartoffeln zum perfekten Steak zuraunen. Jetzt aber mal im Ernst, Mädels, es wird Zeit, Euch auch mal wieder an den Herd zu stellen und den Jungs zu zeigen: Bratkartoffeln sind kein Hexenwerk, und können sogar mal veggie und (halbwegs) gesund sein.

BRATKARTOFFELN

Für 4 Personen

30 Min. Zubereitung

- **750 g kleine Pellkartoffeln (vom Vortag; aus festkochenden Kartoffeln gekocht, z. B. Linda)**
- **50 g durchwachsener Speck**
- **1 große Zwiebel**
- **4 EL neutrales Pflanzenöl**
- **2 EL Butter**
- **Salz**
- **Pfeffer aus der Mühle**

1 Die Kartoffeln pellen und in gleichmäßige, 2–3 mm dünne Scheiben schneiden. Den Speck von der Schwarte befreien und in feine Würfel schneiden. Die Zwiebel schälen und ebenfalls in feine Würfel schneiden.

2 Das Öl in einer großen Pfanne erhitzen und die Kartoffelscheiben darin bei mittlerer Hitze ca. 5 Min. anbraten. Die Speckwürfel hinzufügen, die Kartoffeln wenden und die Zwiebelwürfel darüberstreuen. Alles weitere 5 Min. braten.

3 Die Pfanne durchrütteln, sodass die Zutaten gut verteilt sind. Die Butter am Pfannenrand hineingleiten lassen und die Kartoffeln ca. 5 Min. weiterbraten, bis sie knusprig gebräunt sind. Dann die Bratkartoffeln mit Salz und Pfeffer würzen und sofort servieren.

LEGES BRATKARTOFFELN WIE IN GOLDENEN ZEITEN ...

Linda, Sieglinde oder gar Blaue Schweden? Alter Schwede, bei all den Namen kennt sich doch kein Mensch mehr aus. Wie lässt sich aus den gut 200 in Deutschland zugelassenen Kartoffelsorten gerade die eine, richtige für die Zubereitung goldgelber Bratkartoffeln finden? Vereinfachen wir das Ganze und beschränken uns auf ihre sogenannten Garqualitäten, die im Geschäft praktischerweise bereits mit den verwirrenden Namen angegeben werden. Da waren es plötzlich nur noch drei: festkochende, mehligkochende und vorwiegend festkochende, also eine Kartoffelsorte irgendwo zwischen fest und mehlig.

Bratkartoffelfans schwören auf Eisen- bzw. Gusseisenpfannen, die knackig heiß werden. Allerdings muss die Pfanne gut eingebraten sein – Patina haben – sonst sitzen die Kartoffeln an. Aber auch mit normalen beschichteten Pfannen lassen sich knusprige Kartoffeln zaubern. Vorausgesetzt die Hitze stimmt und die Kartoffelscheiben liegen nicht übereinander, sodass alle gleichmäßig Kontakt zur Pfanne haben.

1. *Kartoffeln enthalten Stärke, die beim Garen in Wasser aufquillt. Dabei platzen einzelne Stärkekörnchen und setzen ein klebriges Gel frei, die Amylose. Wie viel Amylose freigesetzt wird, entscheidet dann darüber, ob und wie Bratkartoffeln gelingen: Beim Braten der vorgegarten Kartoffeln verdampft zunächst Wasser an der Oberfläche und lässt einen Teil der Amylose verhärten – die Kartoffeln werden knusprig. Die restliche Amylose wurde bereits zu Zucker (Glukose) abgebaut – und der sorgt dann in einer Maillard-Reaktion für die appetitlich Bräunung und leckeres Röstaroma.*

2. *Sind deshalb besonders stärkereiche, also mehligkochende, Kartoffeln geeignet? Für sehr krosse Bratkartoffeln schon, allerdings geraten die dann im Inneren viel zu mehlig und trocken und sind eben nicht cremig weich, wie man sich das ebenfalls von Bratkartoffeln wünscht. Für diese inneren Werte stehen eher festkochende Kartoffeln mit höherem Wasser- und niedrigerem Stärkegehalt. Wenn dann nicht eben dieses Zuviel an Feuchtigkeit wäre, das für eher weiche, weitaus weniger gebräunte Kartoffeln sorgt. So ist wie oft im Leben der goldene Mittelweg die Lösung.*

Vorwiegend festkochende Kartoffeln enthalten gerade genug Wasser für ein cremiges Inneres und ausreichend Stärke für eine rösches Äußeres – bei richtiger Vorbereitung wohlgemerkt. Kartoffeln sollten gerade eben gar gekocht, aber noch fest genug sein – so, dass sie sich mit einem spitzen Messer mit minimalem Widerstand einstechen lassen. Dann sind nicht alle Stärkekügelchen geplatzt und es wurde gerade nur die richtige Menge Amylose freigesetzt. Beim Abkühlen setzt die »Retrogradation« ein: Die Amylose ordnet sich wieder enger, die verkleisterte Stärke gibt wieder Flüssigkeit nach außen ab und wird fester. In diesem »wachsigen« Zustand lassen sich die Kartoffeln gut schneiden und bleiben auch beim Braten fest. Darum wird bei Rezepten auch oft »Pellkartoffeln vom Vortag« als Zutat angegeben.

... MAL MIT HIPPEM VEGGIE-SPECK

Manche mögen ja Bratkartoffeln am liebsten ganz puristisch ohne alles, ich dagegen finde Zwiebeln und Speck gehören unbedingt zu einer Pfanne mit Bratkartoffeln, genau wie Ketchup und Mayonnaise zu Pommes. Scherz beiseite: Leicht karamellig geröstete Zwiebeln und ein bisschen Speckaroma machen Bratkartoffeln noch unwiderstehlicher und zur vollständigen Mahlzeit.

Damit Mann und Frau aber auch fleischlos glücklich werden können, habe ich ein bisschen getüftelt und mir einen 1a-Speckersatz einfallen lassen: mit extra »speckigem« Räucheraroma und einer Konsistenz, die an gut gebratene Baconwürfel erinnert – ganz einfach selbst herzustellen, mit Auberginen.

1. *Auberginen enthalten superviel Wasser und würden mit den Kartoffeln in der Pfanne beim Braten niemals kross werden. Darum werden die Auberginen vorab im Ofen bei kleiner Hitze »vorgetrocknet«.*

2. *Das Salz entzieht den Auberginen dabei sukzessive Wasser, wenn wir Auberginen vor dem Garen salzen. Das austretende Wasser verdampft sofort in der Ofenwärme.*

3. *Die gegarten Auberginen haben dann erst mal eine Konsistenz wie Reifengummi. Um richtig kross zu werden, müssen sie in die Pfanne – aber mit wenig Öl.*

Auberginen sind ja ansonsten beim Anbraten richtige Schwämme, die Öl wie nix aufsaugen. Beim Vorgaren im mäßig, 70° warmen Ofen brechen nach und nach die Zellwände auf und Wasser kann austreten, ohne dass dabei die Gesamtstruktur der Pflanzenzellen komplett zerstört würde. Das Auberginenfleisch lässt sich noch gut in kompakte Stücke schneiden und nimmt anschließend beim Braten wesentlich weniger Fett auf. Damit sind Bratkartoffeln mit »Auberginenspeck« nicht nur veggie, sondern auch noch schlanker und gesünder!

BRATKARTOFFELN MIT AUBERGINENSPECK

Für 4 Personen

40 Min. Zubereitung
3 Std. Trocknen

- **1 Aubergine (ca. 250 g)**
- **Rauchsalz**
- **500 g kleine vorwiegend festkochende Kartoffeln**
- **2 Lorbeerblätter**
- **Salz**
- **4 EL neutrales Pflanzenöl**
- **2 Zwiebeln**
- **3 EL gehackte glatte Petersilie**
- **1 EL gehackter Majoran**

1 Die Aubergine waschen, putzen und längs in ca. 0,5 cm dicke Scheiben schneiden. Die Scheiben mit etwas Rauchsalz bestreuen und auf den Ofenrost legen. Den Backofen auf 70° Ober-/Unterhitze vorheizen. Die Auberginenscheiben im Ofen (Mitte) 3 Std. trocknen.

2 Inzwischen die Kartoffeln waschen. In einem Topf mit Wasser bedecken und Lorbeerblätter sowie reichlich Salz hinzufügen. Die Kartoffeln knapp gar kochen – ein spitzes Messer sollte sich mit minimalem Widerstand einstechen lassen. Die Kartoffeln abgießen und auskühlen lassen. Dann die Kartoffeln pellen und in ca. 0,5 cm dicke Scheiben schneiden.

3 Die Aubergine aus dem Ofen nehmen und in kleine Würfel (wie Speckwürfel) schneiden. 2 EL Öl in einer großen Pfanne erhitzen und die Auberginenwürfel darin in ca. 5 Min. rundum kross anbraten. Aus der Pfanne nehmen und auf einem Teller beiseitestellen.

4 Das übrige Öl (2 EL) in die Pfanne geben und die Kartoffeln darin bei mittlerer Hitze rundum knusprig und goldbraun anbraten, währenddessen ein- bis zweimal wenden. Parallel die Zwiebeln schälen und in dünne Streifen schneiden. Sobald die Kartoffeln knusprig und goldbraun sind, die Zwiebeln dazugeben und alles zusammen ca. 5 Min. weiterbraten.

5 Den »Auberginenspeck« unter die Kartoffeln mischen. Petersilie und Majoran untermengen und die Bratkartoffeln mit Salz und Pfeffer abschmecken. Sofort servieren.

RAUCHAROMA OHNE SPECK

Während in herkömmlichen Bratkartoffeln Speck für ein würziges Räucheraroma sorgt, macht bei mir Rauchsalz den »Auberginenspeck«. Das intensive Raucharoma bekommt das Salz durch Räuchern über Holz – je nach Holzsorte und Räucherdauer variiert das Salz in Geschmack und Intensität. Wer seinen Favoriten finden will, muss deshalb einfach mal verschiedene Sorten ausprobieren.

GEBACKENES GEMÜSE MIT DIP
VOLL FETT VEGGIE

Veggie boomt. Zum Glück, denn lange Zeit tat man sich hierzulande schwer mit fleischloser Kost. Vegetarier wurden schnell in eine alternative Öko-Müsli-Randnische gedrängt. Und vegan, ja was ist das denn? Da wussten die Wenigsten Bescheid. Inzwischen haben alle brav ihre Hausaufgaben gemacht. Jedes Kind unterscheidet heute mühelos Veganer, Ovo-Lakto-Vegetarier oder Flexitarier. Auch die Lebensmittelindustrie hat schnell erkannt, wie viel Potenzial in »fleischlos« steckt.

Der Umsatz mit vegetarischen und veganen Produkten hat sich in den letzten drei Jahren beinahe verdoppelt – Tendenz steigend! Die Leute fliegen nur so auf Sojawürstchen, Bohnenburger und Tofuschnitzel. Für Fleischersatz ist in jedem Supermarkt weitflächig gesorgt, aber das Kochen mit frischem Gemüse am eigenen Herd ist für viele nach wie vor ein Buch mit sieben Siegeln. Das ist auch nicht weiter verwunderlich, steht deutsche Küche doch eher für Schweinebraten, Haxen und Würste. Gemüse und andere Sättigungsbeilagen stellten dabei eher vernachlässigbares Beiwerk dar, auf dessen besondere Zubereitung traditionell weit weniger Mühe und Fantasie verwendet wurde. Wer dagegen raffinierte Gerichte sucht, bei denen Gemüse die Hauptrolle spielt, schaut zur Inspiration besser in die Töpfe ferner Länder, in denen vegetarische Gerichte eine längere Tradition haben, und wo Garmethoden verwendet werden, die das Beste aus jedem einzelnen Stück Grünzeug holen.

OFENGEMÜSE MIT MANGODIP

Für 2 Personen

25 Min. Zubereitung
55 Min. Backen

Für das Ofengemüse

- 2 Rote Beten
- 2 Pastinaken
- 2 große Möhren
- 300 g Hokkaido-Kürbis (geputzt gewogen)
- 2 EL neutrales Pflanzenöl
- 1 TL gemahlener Koriander
- Salz

Für den Dip

- 1 rote Paprika
- 1 TL neutrales Pflanzenöl
- ½ reife Mango
- 150 g griechischer Joghurt (10 % Fett)
- 1 TL Zitronensaft
- ½ TL Currypulver (Madras)
- Salz | Cayennepfeffer

Außerdem

- Öl für das Blech

1 Den Backofen auf 200° Ober-/Unterhitze vorheizen. Ein Backblech einölen. Die Roten Beten, Pastinaken und Möhren putzen und schälen. Die Roten Beten vierteln, die Pastinaken und Möhren je nach Größe längs halbieren oder vierteln. Das Kürbisstück waschen und in mundgerechte Stücke schneiden.

2 Das zerkleinerte Gemüse in eine Schüssel geben und gründlich mit dem Öl, dem Koriander und 1 TL Salz mischen. Alles gleichmäßig auf dem Backblech verteilen und im heißen Ofen (Mitte) 45–55 Min. backen, bis das Gemüse weich ist.

3 Inzwischen für den Dip die Paprika waschen und längs halbieren, die Trennwände und Kerne entfernen. Die Paprikahälften mit dem Öl einpinseln, dann in den Backofen auf die Gemüsemischung legen und ca. 40 Min. mitbacken.

4 Die Paprikahälften aus dem Ofen nehmen, etwas abkühlen lassen, mitsamt Schale grob zerkleinern und in einen Mixbecher geben. Die Mango schälen, das Fruchtfleisch vom Stein schneiden und in den Mixbecher geben. Joghurt, Zitronensaft und Currypulver dazugeben und alles mit dem Pürierstab glatt pürieren. Den Dip mit Salz und Cayennepfeffer abschmecken.

5 Das Ofengemüse vom Blech nehmen und auf Teller verteilen. Den Dip dazu servieren.

VEGGIE SATT À LA LEGE

Traditionell wird (Beilagen-)Gemüse schlicht in Salzwasser gekocht, allenfalls mit etwas Butter angedünstet und basta. Das mag zwar den Zweck erfüllen, hartes Gemüse in weiches zu verwandeln, mehr aber auch meist nicht. Da Gemüse erst bei relativ hohen Temperaturen gart, büßt es bereits beim Kochen flüchtige Aromen ein. Fertig gegart und abgegossen, gehen dann gleich noch alle wasserlöslichen Nährstoffe und Aromen über die Wupper, während alle fettlöslichen sich im Wasser gar nicht erst entfalten konnten. Darum lautet die Devise für Veggie-Köche: Neue Garmethoden braucht das Land!

Im Gegensatz zu den Gartemperaturen für proteinreiches Fleisch oder Fisch liegen die Gartemperaturen für Gemüse zwischen 20° und 30° höher. Der extrem große Anteil an faseriger Zellulose macht Pflanzenzellen sehr widerstandsfähig, erst ab 70–75° beginnen sie langsam aufzubrechen. Allerdings geht es dann rasend schnell – schon bei 100° sind sie völlig zerstört und das Gemüse wird rasch zu Brei.

1. *Anstatt nur mit Wasser zu kochen, wird Gemüse in anderen Ländern oft ohne Flüssigkeit, dafür mit viel Hitze gegart, die ein Mehr an Aroma bringt. Bei trockener Hitze, wie im Backofen, verdampft zunächst gemüseeigenes Wasser, sodass es konzentriert intensiver schmeckt. Ist reichlich Oberflächenwasser verdampft, setzen Bräunungsreaktionen ein. Weniger in Form einer Maillard-Reaktion (s. S. 66), da Gemüse wenig Protein enthält. Dafür leiten die in den meisten Gemüsesorten reichlich enthaltenen Zuckerarten unterschiedlichste Karamellisierungsprozesse ein.*

2. *Besser als trocken gelingt Ofengemüse mit etwas Öl, das sich wie ein Schutzfilm ums Gemüse legt und verhindert, dass zu viel Feuchtigkeit verdampft. Das Öl fungiert vielmehr als Hitzeleiter, der die Ofenwärme direkt ins Gemüse leitet – die Innentemperatur steigt schneller, das Gemüse ist früher gar. Und noch mehr: Auf physikalischer Ebene beteiligen sich bestimmte Ölmoleküle an den Bräunungs- und Karamellisierungsprozessen, sodass zusätzliche komplexere Aromen entstehen – süßlich, karamellig, malzig, röstig. Auf keinen Fall geschmacklos wie Wasser!*

Hitze und Öl sind also ein Dream-Team in Sachen mehr Geschmack in der Gemüseküche und Voraussetzung für eine weitere, trockene Garmethode, welche die wenigsten auf dem Schirm haben: das Frittieren. Hier verdampft ebenfalls sofort massiv Wasser aus dem Gemüse, wenn es in Kontakt mit dem heißen Öl kommt. Wo Wasser entwichen ist, dringt begrenzt Öl ein, während sich außen Stärke (die in vielen Gemüsen oder in Backteig vorkommt) in eine knusprige Hülle verwandelt. Dabei spielt die Hitze des Öls eine entscheidende Rolle: Ist es nicht heiß genug (unter 150°), verdampft zu wenig Wasser, die Oberfläche des Gemüses bleibt feucht und es bildet sich keine Kruste. Ist es dagegen zu heiß (über 200°) verbrennt das Gemüse außen, während es innen noch roh ist. Die ideale Temperatur zum Frittieren liegt darum zwischen 165–170°!

AUGEN AUF BEI DER MEHLAUSWAHL

Indien macht's vor: In dem Land, in dem ein Großteil der Bevölkerung sich mehr oder weniger vegetarisch oder vegan ernährt, gibt es unzählige Gemüsegerichte. Pakora oder Bhaji nennt man dort ausgebackene Gemüsestücke, die vor dem Frittieren in Kichererbsenteig getaucht wurden. Das hat viele Vorzüge, nicht zuletzt den, dass Kichererbsen mit reichlich Pflanzenprotein ein 1a-Fleischersatz sind.

Eine Teighülle schützt auch empfindliche Gemüsesorten wie Salat: Sie garen ohne zu verbrennen. Bei sehr wasserreichem Gemüse kann aber der Teig durch zu viel austretenden Wasserdampf aufweichen. Für eine trockene, krosse Hülle braucht es daher noch eine »Isolierschicht« und das passende Mehl.

1

Gemüse wird in Weizenmehl gewendet, das reichlich Klebereiweiß (Gluten) enthält, das viel Wasser bindet. Beim Frittieren austretender Wasserdampf aus dem Gemüse verklebt, die Teighülle weicht nicht auf.

2

Da Gluten auch Fett absorbiert, ist Weizen für den Teig weniger geeignet: Die Kruste würde zäh und fettig. Kichererbsenmehl enthält kein Gluten, dafür Amylopektin, eine Stärke.

3

Stärke quillt erst durch Hitzeeinwirkung und verkleistert mit Wasser. Überschüssige Feuchtigkeit kann entweichen, der Teig wird knusprig und kross.

Dank glutenfreiem Kichererbsenmehl bekommen wir, ähnlich wie bei japanischem Tempura (s. S. 95, Fish and Chips), Gemüse mit superkrosser Kruste. Und die hat es dann noch richtig in sich: Vollgepackt mit hochwertigem pflanzlichem Protein, Eisen und vielen anderen Nährstoffen sind Kichererbsen Fleischersatz vom Feinsten. Darum gibt es sie bei mir gleich zweimal: als Mehl im Backteig und als leckeren Hummus. Beides 100 Prozent vegan – und keiner vermisst hier mehr Schweine- oder Sojaschnitzel. Dip, dip, Hurra!

GEBACKENES GEMÜSE MIT HUMMUS

Für 4 Personen

1 Std. Zubereitung
1 Std. Ruhen

Für das gebackene Gemüse

- 200 g Kichererbsenmehl
- 1 EL Backpulver
- 1 EL Currypulver
- Salz
- 2 Zucchini (ca. 400 g)
- 1 große Zwiebel
- 2 Möhren
- 10 Austernpilze (ca. 400 g)
- 2 Romanasalatherzen
- 200 g Weizenmehl (Type 405)
- 1 l Frittieröl

Für Hummus und Garnitur

- 1 Dose Kichererbsen (400 g Abtropfgewicht)
- ½ Knoblauchzehe (ohne Keimling)
- 3 EL Tahin (Sesampaste)
- 1 Msp. frisch geriebene Muskatnuss
- 1 Msp. gemahlener Kreuzkümmel
- Saft von ½ Zitrone
- 150 ml Crushed Ice
- 3 EL Olivenöl
- Salz
- weißer Pfeffer aus der Mühle
- 1 Bund Koriander

1 Für das gebackene Gemüse das Kichererbsenmehl in einer Schüssel mit 300 ml kaltem Wasser, Backpulver, Currypulver und 1 EL Salz zu einem glatten Teig verrühren. Den Backteig 1 Std. ruhen lassen.

2 Inzwischen die Zucchini waschen und putzen. Die Zwiebel schälen. Die Möhren putzen und schälen. Die Austernpilze putzen, bei Bedarf trocken abreiben. Das vorbereitete Gemüse in mundgerechte Stücke schneiden. Den Romanasalat waschen und der Länge nach durch den Strunk vierteln.

3 Für den Hummus die Kichererbsen in ein Sieb abgießen, abbrausen und abtropfen lassen. Den Knoblauch schälen und halbieren, den Keimling entfernen. Die Kichererbsen und den Knoblauch mit Tahin, Muskat, Kreuzkümmel, Zitronensaft und Crushed Ice im Mixer auf höchster Stufe zu einer cremigen Paste pürieren, dabei nach und nach das Olivenöl dazugeben. Den Hummus mit Salz und Pfeffer abschmecken und in eine Schüssel füllen. Den Koriander waschen und gut trocken tupfen.

4 Für das Gemüse das Frittieröl in einem Topf oder einer Fritteuse auf ca. 170° erhitzen. Die Gemüsestücke portionsweise im Mehl wenden, durch den Backteig ziehen und im heißen Öl in ca. 5 Min. goldbraun frittieren. Mit einem Schaumlöffel herausheben und auf Küchenpapier abtropfen lassen.

5 Sobald alle Gemüsestücke frittiert sind, den Koriander ins Öl geben und frittieren, bis das Öl nicht mehr blubbert. Den Koriander mit einem Schaumlöffel herausnehmen und abtropfen lassen. Dann zerbröseln und den Hummus damit garnieren.

LINSENCURRY
SCHÄRFER ALS JEDER EINTOPF

Linsencurry gibt's in Indien nicht, genauso wenig Currypulver. Zwar versteht man es dort, Gewürze verschwenderisch einzusetzen und zu kombinieren, aber das andernorts üblicherweise angebotene gelbe Pulver ist eine Erfindung der englischen Kolonialherren. Und Currys? Davon gibt es in Indien abertausende – nur heißen die dort »Dal«. Das Hindiwort bezeichnet nicht nur ein Linsengericht, sondern generell flüssige, sämige oder breiige Gerichte mit Hülsenfrüchten.

Und das sind nicht nur Linsen, sondern auch getrocknete Bohnen, Kichererbsen oder Erbsen. Davon gibt es auf dem Subkontinent schier unendlich viele Sorten, die auch unter schwierigen Boden- und Klimabedingungen gedeihen. So steht in so gut wie jedem indischen Haushalt mindestens einmal täglich ein Dal mit Reis oder Fladenbrot auf dem Tisch; vor allem bei armen Leuten und Vegetariern, die sich aus religiösen Gründen kein Fleisch leisten wollen. Aus ähnlichen Gründen wurde auch hierzulande früher ein Linseneintopf oder eine dicke Erbsensuppe geschätzt: als ein preiswerter, eiweißreicher Fleischersatz, der notfalls auch ohne Speck gut und lange satt machte. Ein bisschen Speck war allerdings schön, denn ansonsten kam außer Suppengemüse und vielleicht einem Blättchen Lorbeer recht wenig Würze in den Topf. Wie gut haben es da die Inder, bei denen jedes Dal anders und gewürzsatt schmeckt, und die nur auf eines verzichten müssen: auf Currypulver!

LINSENCURRY

Für 4 Personen

30 Min. Zubereitung
1 Std. Köcheln

- **1 dicke Möhre**
- **150 g Knollensellerie**
- **2 Zwiebeln**
- **3 Knoblauchzehen**
- **150 g ganze geschälte Tomaten (aus der Dose)**
- **2 EL Olivenöl**
- **1 EL Currypulver**
- **2 TL gemahlene Kurkuma**
- **200 g braune Berglinsen**
- **ca. 400 ml Gemüsebrühe (Instant)**
- **Salz**
- **80 g Butter**
- **100 g Sahne**
- **4 EL Crème fraîche**
- **Korianderblättchen (nach Belieben)**

1 Die Möhre und den Sellerie putzen, schälen und in kleine Würfel schneiden. Die Zwiebeln und den Knoblauch schälen und ebenfalls in kleine Würfel schneiden. Die Tomaten aus der Dose hacken.

2 Das Olivenöl in einer Pfanne erhitzen und die Zwiebeln mit dem Knoblauch darin glasig dünsten. Die Möhren- und Selleriewürfel dazugeben und 2–3 Min. mit andünsten. Das Curry- und das Kurkumapulver dazugeben. Linsen, Tomaten und Gemüsebrühe unterrühren und alles mit geschlossenem Deckel bei kleiner Hitze ca. 1 Std. köcheln lassen.

3 Das Curry mit Salz abschmecken. Die Butter und die Sahne unterrühren und das Curry nochmals kurz aufkochen. Das Linsencurry auf tiefe Teller verteilen und je ca. 1 EL Crème fraîche daraufgeben. Nach Belieben mit Korianderblättchen garniert servieren.

LEGES MEGAWÜRZIGES LINSENCURRY

Indisches Linsencurry ist etwas anderes als teutonische Linsensuppe. Nicht nur was die Würze angeht, sondern vor allem auch aufgrund seiner Konsistenz. Zwar schätzen manche Schwaben ihre Linsen mit Spätzle und »Saidewürschtle« eher musig – trotzdem gelten übermäßig zerkochte Linseneintöpfe hierzulande eher als Zeichen unzureichender Kochkünste. Könner dagegen wissen genau, ob sie Linsen einweichen, wann sie salzen und wann und im besten Fall warum noch ein Schuss Essig dazukommt. Auch wenn Linsen als ein schlichtes Mahl gelten – ihre Zubereitung ist alles andere als banal.

Rote Linsen (indisch: Masoor Dal) sind genau wie gelbe Linsen im Gegensatz zu den bei uns üblichen braunen Linsen »Hülsenfrüchte ohne Hülse«. Von ihnen wurde bereits ihre braune Schale entfernt, die hauptsächlich aus unlöslichen Ballaststoffen (Zellulose) besteht. Darum garen sie nicht nur wesentlich schneller als Linsen mit harter Schale, sondern sind auch wesentlich ballaststoffärmer und somit bekömmlicher.

1. *Einweichen kann, muss man Linsen heute nicht mehr, da sie meist kürzer gelagert und weniger ausgetrocknet sind als zu Omas Zeiten. Auf keinen Fall salzen, sonst bleiben sie hart, lautete eine weitere Küchenregel. Heute weiß man, das Gegenteil ist der Fall: Salz lockert die festen Pektinverbindungen der Schale, lässt Wasser leichter eindringen und die Linsen schneller garen. Wie kommt es aber zu dem Irrglauben? Wahrscheinlich war Wasser früher kalkhaltiger – es enthielt viel Kalzium, das die Pektinmoleküle der Linsenhülle stabilisiert, sodass die Linsen länger fest bleiben.*

2. *Säure hat einen ähnlichen Effekt wie Kalk. Sie verstärkt die Wechselwirkungen der Pektine oder stoppt im schlimmsten Fall den Garprozess. Darum Essig immer erst am Ende in die Suppe geben. Und weil auch Tomaten Säure enthalten, dauert unser Linsencurry einen Tick länger. Dafür hilft Säure bei der Aufnahme von Eiweiß und macht die Linsen zudem besser verdaulich. Ganz zu schweigen vom Geschmack – der leicht muffig neutrale Geschmack von braunen Linsen erhält durch Säure deutlich mehr Frische – egal ob nun durch einen Schuss Essig oder fruchtige Tomaten.*

Mit diesem Grundwissen lassen sich unsere (Berg-)Linsen problemlos perfekt garen. Fehlt nur noch ein wenig Aroma. Wie in klassischer Linsensuppe sorgen dafür zum einen die Röstaromen des angebratenen Suppengemüses. Tomaten liefern zusätzlich Umami (s. S. 24), das normalerweise und recht intensiv vom Speck in den Eintopf kommt. Currypulver ergänzt durch Kurkumapulver (das auch in bei uns käuflichen Currypulvern Hauptaroma- und vor allem Farbträger ist) sorgt für den indischen Touch. Aber reicht das denn schon, um aus einer Linsensuppe ein echtes Curry zu machen? Wohl nicht ganz. Dazu braucht es ein wenig mehr Wissen über das Wesen und die Macht der Gewürze, die dann den echten indischen Aromakick und am Ende ein veritables Curry auf den Tisch bringen.

KICK IT LIKE AN INDIAN

Bei Currypulver handelt es sich um eine Erfindung der Briten. Die brachten sich als ehemalige Kolonialmacht ein wenig der riesigen Gewürzvielfalt Indiens kondensiert in einem einzigen, praktischen Allround-Pülverchen als Souvenir mit nach Hause – nur allzu verständlich bei einer Küche, die – vorsichtig formuliert – nicht gerade als sonderlich aromavoll und würzig gilt.

Ähnlich unindisch ist der Einsatz eben jener gelben Gewürzmischung, wenn sie einfach über Currywurst oder beim Garen in dieses oder jenes Gericht gestreut wird. Dagegen ist in Indien schon seit Jahrhunderten das Wissen verbreitet: Jedes einzelne Gewürz ist anders und will individuell behandelt werden.

1. *Gewürze enthalten viele ätherische Aromen, die sofort »verduften«, wenn sie einmal freigesetzt sind: Darum werden in Indien bevorzugt ganze Gewürze verwendet oder erst kurz vor dem Verarbeiten gemahlen.*

2. *Kurzes Rösten in Fett lässt Gewürze aufplatzen und bereits innere Feuchtigkeit verdunsten. Bräunungsreaktionen haben eingesetzt, die das Aroma oft dezenter machen.*

3. *In heißem Fett entfalten sich fettlösliche Aromen. Will man nur wasserlösliche Aromen hervorkitzeln, gibt man (gemahlene) Gewürze später ins Gericht.*

Bei einem Curry kommt es neben dem Gewürz-Know-how vor allem aufs Timing an. Nur Currypulver reinhauen bringt wenig. Werden dagegen Einzelgewürze in bestimmten Abständen und zusammen mit bestimmten Zutaten verarbeitet, können sie nicht nur ihr eigenes Aroma entfalten, sondern auch neue Aromaverbindungen mit anderen Zutaten wie Zwiebeln oder Tomaten eingehen. Varianten in Ablauf oder Kombi ändern dabei immer auch das Ergebnis: Jedes Curry schmeckt anders, »spicy«, aber nie nur nach Currypulver.

MEGAWÜRZIGES LINSENCURRY

Für 4 Personen

30 Min. Zubereitung
20 Min. Garen

- **180 g gespaltene rote Linsen**
- **1 große Zwiebel**
- **3 Knoblauchzehen**
- **1 Handvoll Koriandergrün**
- **2 mittelgroße Süßkartoffeln**
- **2 TL Rapsöl**
- **1 TL schwarze Senfsamen**
- **½ TL Kreuzkümmelsamen**
- **10 getrocknete Curryblätter**
- **1 TL fein gehackter Ingwer**
- **1 TL gemahlener Koriander**
- **½ TL gemahlene Kurkuma**
- **½ TL Zimtpulver**
- **½ TL gemahlene milde Chili (oder Cayennepfeffer)**
- **1 Prise gemahlene Nelke**
- **Pfeffer aus der Mühle**
- **150 g gehackte Tomaten (aus der Dose oder frisch gehackt)**
- **Salz**
- **240 g Kokosmilch**
- **½ TL Garam Masala**
- **Saft von ½ Limette**
- **1 Handvoll Cashewkerne (leicht geröstet; nach Belieben; oder Kokosflakes)**

1 Die roten Linsen in einem Sieb gut unter fließendem Wasser abspülen, bis das Wasser klar ist, dann abtropfen lassen. Die Zwiebel schälen und in feine Würfel schneiden. Den Knoblauch schälen und fein hacken. Das Koriandergrün waschen und trocken schütteln. Die Blätter abzupfen und für die Garnitur beiseitelegen. Die Stiele fein hacken. Die Süßkartoffeln schälen und in Würfel mit ca. 2 cm Kantenlänge schneiden.

2 Das Rapsöl in einem Topf erhitzen. Die Senfsamen hinzufügen und bei mittlerer Hitze unter gelegentlichem Umrühren anrösten, bis sie leicht aufplatzen. Den Kreuzkümmel und die Curryblätter hinzufügen und 1 Min. mit anbraten. Die Zwiebeln dazugeben und glasig braten. Ingwer, Knoblauch und gehackte Korianderstiele hinzufügen und alles 2 Min. weiterbraten. Die Hitze reduzieren. Gemahlenen Koriander, Kurkuma, Zimt, Chili, Nelke und 1 Prise Pfeffer unterrühren und 1–2 Min. mit andünsten.

3 Die gehackten Tomaten und 240 ml Wasser hinzufügen. Mit geschlossenem Deckel einige Minuten köcheln lassen, bis die Tomaten weich sind. Die Linsen, die Süßkartoffelwürfel und 500 ml Wasser hinzufügen. Alles zugedeckt ca. 15 Min. köcheln lassen, bis alles angenehm weich und das Curry eingedickt ist. Dann 1 TL Salz und die Kokosmilch hinzufügen und das Curry 5 Min. weiterköcheln lassen. Mit Garam Masala und Limettensaft würzen.

4 Das Curry zum Servieren mit den Korianderblättern und nach Belieben mit den Cashewkernen bestreuen. Dazu passen gekochter Reis und als zusätzliche Garnitur geröstete Wirsingblätter.

SPICY, ABER MAGENSANFT

Das Ayurveda, die traditionelle indische Heilkunst, nutzt seit Urzeiten die heilende Kraft der Gewürze. Gegen Magengrummeln und Blähungen, die Linsen und andere Hülsenfrüchte verursachen können, helfen z. B. Kreuzkümmel, Koriander, Kurkuma und Ingwer – Medizin, die würzt und schmeckt.

PIZZA MARGHERITA
DIE KÖNIGIN UNTER ALLEN PIZZEN

Die rührende Geschichte, dass die Pizza Margherita erstmals ein Pizzabäcker zu Ehren der Kronprinzessin Margherita von Savoyen buk, ist klar widerlegt, denn in den Gassen Neapels werden derartige Pizzen bereits seit urdenklichen Zeiten an allen Ecken verkauft. Nichtsdestotrotz ziert der royale Name bis heute eines der wohl berühmtesten und beliebtesten Gerichte Italiens. Ein echter Exportschlager, den auch der Rest der Welt kennt und liebt.

Superschlicht, mit einem minimalistischen Belag aus lang gekochtem Tomatensugo, Mozzarella und frischem Basilikum, der mit seinen Farben die italienische Flagge symbolisiert – so lieben die Italiener ihre Margherita. Doch außerhalb Italiens, ja bereits außerhalb der Grenzen Neapels, wird arges Schindluder mit dem Klassiker getrieben. Anstelle sonnengereifter San-Marzano-Tomaten, sahnigem Büffelmozzarella und gut gearbeitetem Teig, geben sich viele mit lappigen Fladen, belegt mit faden Tomatenstücken aus der Dose oder gar Analogkäse zufrieden. Hauptsache, die Pizza gibt's schnell auf den Tisch oder auf die Hand, notfalls in der Tiefkühl- oder Fast-Food-Variante. Ein echtes No-Go, denn eine veritable Margherita braucht neben ausgesuchten Zutaten vor allem einen guten Teig als Grundlage. Und der wiederum braucht viel Zeit und etwas liebevolle Handarbeit, damit die fertige Pizza ihrem königlichen Namen dann auch wirklich alle Ehre machen kann.

PIZZA NAPOLI

Für 4 runde Pizzen (à 28 cm Ø) oder 2 Backbleche (à 36 × 39 cm)

30 Min. Zubereitung
25 Std. 30 Min. Ruhen
45 Min. Backen

Für den Teig

- 5 g frische Hefe (ersatzweise 3 g Trockenhefe)
- 500 g Mehl (italienische Tipo 00 oder Weizenmehl Type 550)
- Salz
- 1 EL Olivenöl
- Mehl zum Arbeiten

Für den Belag

- 200 g stückige Tomaten (aus der Dose)
- Salz
- Pfeffer aus der Mühle
- 1 Prise Zucker
- 3 Kugeln Mozzarella (à 125 g)
- 7 Stiele Basilikum
- 50 g Parmesan
- 4 EL Olivenöl

1 Für den Teig die Hefe unter Rühren in 300 ml lauwarmem Wasser auflösen. Das Mehl in eine große Schüssel geben. Das Hefewasser, 1 leicht gehäuften TL Salz und das Olivenöl dazugeben. Alles in ca. 15 Min. zu einem glatten Teig verkneten. Den Teig mit einem sauberen Küchentuch abdecken und bei Raumtemperatur 30 Min. gehen lassen. Dann in den Kühlschrank stellen und weitere 24 Std. gehen lassen.

2 Den Teig aus dem Kühlschrank nehmen und in 45–60 Min. Raumtemperatur annehmen lassen.

3 Den Backofen auf 250° Ober-/Unterhitze vorheizen, dabei ein Backblech oder einen Pizzastein mit in den Ofen (Mitte) schieben. Den Teig vierteln. Jedes Teigstück auf einem leicht bemehlten Stück Backpapier zu einem runden Pizzaboden formen, dabei den Rand etwas dicker lassen.

4 Für den Belag die Tomaten mit Salz, Pfeffer und Zucker würzen. Je 2–3 EL Tomaten auf jedem Pizzaboden verstreichen. Den Mozzarella in dünne Scheiben schneiden und die Pizzaböden mit je einem Viertel davon belegen.

5 Eine Pizza mit dem Backpapier auf das heiße Blech oder den Pizzastein ziehen und 10 Min. backen. Inzwischen das Basilikum waschen und trocken schütteln, die Blätter von den Stielen zupfen. Die Pizza aus dem Ofen nehmen und mit etwa einem Viertel der Basilikumblättchen belegen. Ein Viertel des Parmesans direkt über die Pizza reiben. 1 EL Olivenöl auf die Pizza träufeln. Die Pizza zurück in den Ofen schieben und weitere 2 Min. backen.

6 Die fertige Pizza aus dem Ofen nehmen, vierteln und sofort servieren. Die übrigen drei Pizzas nacheinander auf die gleiche Weise backen.

DIE MUTTER ALLER TEIGE: PURISTISCHER HEFETEIG

Genau wie der Belag besteht der Teig einer Pizza Margherita im Prinzip aus nur drei wesentlichen Zutaten: Mehl, Wasser und Hefe. Ein klassischer Hefeteig, der mit etwas Know-how und Geduld perfekt in den Griff bzw. in eine runde Form zu kriegen ist, die er auch beim Backen behält. Außen kross und innen schön elastisch, mit Blasen durchsetzt extra luftig, duftig und locker. Und noch etwas unterscheidet diese Pizza von der fixen vom schlechten Italiener, die schnell heruntergeschlungen lange Magenschmerzen verursacht: Durch das lange Gehen des Teigs bauen sich unbekömmliche Inhaltsstoffe einfach ab.

In Italien wird für Pizza im Regelfall Mehl Tipo 00 verwendet, was in etwa unserem Weizenmehl 405 oder 550 entspricht – in etwa eben. Denn sagen die Typennummern eigentlich nur etwas über den Mineralstoffgehalt (je kleiner desto weniger Mineralien), hat Tipo 00 einiges mehr an Eiweiß zu bieten. Mehr Proteine bedeutet auch mehr Gluten – und das brauchen wir für »stretchy« Pizzateig.

1. *Wer einem Pizzabäcker zuschaut, weiß: Der Teig muss was abkönnen und extrem elastisch sein. Dabei hilft Gluten. Gluten bildet sich aus bestimmten Proteinen, die sich durch Zugabe von Wasser verbinden – zunächst nur locker. Damit sie sich für einen reißfesten Teig stärker verknäulen, müssen sie durch kräftiges Kneten entwirrt werden. Beim Kneten lösen die Proteinketten ihre schwachen Bindungen, ordnen und richten sich lang aus, um sich dann zu einem wesentlich stabileren Gerüst zu verbinden. Der Teig wird elastisch wie Gummi.*

2. *Damit Pizzateig aufgehen kann, braucht es Hefe. Hefe ist nichts anderes als ein einzelliger Pilz mit mächtig Appetit. Er ernährt sich von Zucker, darum sollte man ihm auch extra welchen geben, z. B. in Form eines Löffelchens Honig. Den Zucker »verdaut« bzw. verstoffwechselt die Hefe in einem Gärungs- bzw. Fermentierungsprozess in Alkohol und Kohlendioxid. Es sind also im Grunde ihre kohlendioxidhaltigen Pupse, die dem Teig als gasförmiges Backtriebmittel dienen und ihn mit schönen kleinen Bläschen durchsetzen.*

Sind Gluten und Hefe gut an den Start gebracht, arbeiten sie fast von alleine. Schon bei Raumtemperatur findet eine heftige Hefevergärung mit reichlich Gasproduktion statt: Der Teig geht wie ein Ballon rasant auf und wäre im Prinzip schon nach gut 30 Minuten backfertig. Manche schieben ihn dann auch gleich in den Backofen. Das verursacht im Einzelfall Magendrücken, führt aber garantiert immer zu einem kleinporigen weichen Kuchenteig mit Tomatenbelag. Für eine veritable italienische Pizza, die luftig, großblasig aufgeht und mit leichtem Brotaroma aus dem Ofen kommt, sollte man Tempo und Temperatur runterfahren. Wer sich Zeit nimmt und schon am Vortag daran denkt, dass es am nächsten Tag eine Pizza zum Essen geben soll, der wird mit einem Pizzaboden belohnt, der seinen Namen wirklich verdient!

PIZZAGEHEIMNISSE: KRÄFTIG KNETEN UND RUHEN

Kein echter Pizzaiolo, der sein Handwerk ernst nimmt, schiebt den Teig sofort nach dem Ansetzen in den Ofen. Mindestens 24 Stunden lässt er ihn gemütlich gehen – am besten schon zu einzelnen Teigkugeln geformt, die später nur noch in Form gebracht werden müssen. Von Hand versteht sich – oder habt ihr schon mal einen Pizzabäcker mit Teigroller hantieren sehen?

Damit der Pizzateig superelastisch wird und sich ohne zu reißen extrem dünn ausziehen lässt, braucht es eine ordentliche Menge Gluten, weshalb ich gerne noch extra welches dazugebe. Und dann braucht es für das große Pizzaglück nur noch Zeit und ganz, ganz, ganz viel Ruhe.

1

Die ersten 10 Min. Ruhe gönne ich dem Teig nach dem anfänglichen kurzen Zusammenkneten. In dieser Zeit bildet er erste Glutenverbindungen (= Autolyse). Für ein stabileres Gerüst muss er kräftig geknetet werden.

2

Als Kugel geht's ab in den Kühlschrank: Die Hefen produzieren dort langsamer Kohlendioxid als bei Raumtemperatur und die Gase können besser gehalten werden.

3

Die Hefe hat viel Zeit, Stärke und Zucker in andere Zuckerarten, Säuren und Alkohol umzuwandeln: Der Teig »fermentiert« und schmeckt aromatischer.

Je mehr Zeit man dem Teig gibt, desto weniger Hefe braucht es. Nach dem 24stündigen Schönheitsschlaf haben wir einen wunderbar aromatischen Teig gewonnen, der sich 1a bearbeiten lässt. Gerade richtig aufgegangen, steckt er voller Luftbläschen, die beim Backen zu den typischen größeren, unregelmäßigen Pizzateigporen aufpoppen. Verloren hat er dagegen bestimmte schädliche Inhaltsstoffe (sogenannte Fodmaps, s. S. 175), die durch Enzymtätigkeit während des Fermentierens unschädlich gemacht wurden.

PIZZA MARGHERITA À LA LEGE

Für 4 Personen

30 Min. Zubereitung
13 Std. Ruhen
2 Std. Köcheln
40 Min. Backen

Für den Teig

- 500 g italienisches Pizzamehl (Tipo 00, entspricht etwa Weizenmehl Type 405)
- 10 g Honig (oder Agavendicksaft)
- 10 g Salz
- 3 g Weizengluten (Glutenpulver)
- 3 g Trockenhefe
- ca. 1 EL Olivenöl

Für die Pizzasauce

- 260 g weiße Zwiebeln
- 1 Knoblauchzehe
- 160 g Möhren
- 2 EL Olivenöl
- 800 g Pizzatomaten (am besten San Marzano)
- 1 TL Speisestärke
- Salz
- getrocknete italienische Kräuter (z. B. Oregano oder Basilikum; nach Belieben)

Für den Belag

- 3 Kugeln Mozzarella (à 125 g)
- 3 Tomaten
- 1 kleines Bund Basilikum
- Pfeffer aus der Mühle

1 Für den Teig das Mehl mit 310 ml Wasser, Honig, Salz, Weizengluten und Trockenhefe in der Schüssel der Küchenmaschine mit dem Knethaken gründlich vermengen und dann auf mittlerer Stufe 5 Minuten kneten. Den Teig in der Schüssel 10 Min. bei Raumtemperatur ruhen lassen, dann nochmals 5 Min. auf mittlerer Stufe kneten.

2 Den Teig auf der gut bemehlten Arbeitsfläche in vier gleich große Stücke (à ca. 200 g) teilen. Jedes Teigstück dehnen und zu einer glatten, ebenmäßigen Kugeln formen. Die Teigkugeln leicht mit Öl bestreichen, mit Frischhaltefolie bedecken und mindestens 12 Std., besser 24 Std., im Kühlschrank ruhen lassen.

3 Für die Sauce die Zwiebeln und den Knoblauch schälen. Die Möhren putzen und schälen. Alles zusammen klein hacken, am besten in einer Küchenmaschine mit Messereinsatz. Das Olivenöl in einem Topf erhitzen und das gehackte Gemüse darin bei mittlerer Hitze anbraten, bis die Zwiebeln glasig werden. Die Pizzatomaten unterrühren und die Sauce 1 Std. leicht köcheln lassen. Abkühlen lassen, dann die Stärke unterrühren. Die Sauce mit Salz und Pfeffer abschmecken, nach Belieben noch mit italienischen Kräutern.

4 Schon während der Abkühlzeit der Sauce den Teig aus dem Kühlschrank nehmen, 1 Std. Raumtemperatur annehmen und gehen lassen. Für den Belag den Mozzarella in dünne Scheiben schneiden. Die Tomaten waschen, trocken tupfen und in dünne Scheiben schneiden, dabei die Stielansätze entfernen. Das Basilikum waschen und trocken schütteln, die Blätter abzupfen.

5 Den Backofen auf 250° Ober-/Unterhitze vorheizen, dabei ein Backblech oder einen Pizzastein mit in den Ofen (Mitte) schieben. Jedes Teigstück auf einem leicht bemehlten Stück Backpapier zu einem runden Pizzaboden formen, dabei den Rand etwas dicker lassen.

6 Die Pizzaböden mit der Tomatensauce bestreichen und mit den Mozzarella- und Tomatenscheiben belegen. Eine Pizza mit dem Backpapier auf das heiße Blech im Ofen ziehen und in 10–12 Min. knusprig backen. Aus dem Ofen nehmen, mit Basilikumblättern und Pfeffer bestreuen, vierteln und sofort servieren. Die übrigen drei Pizzas nacheinander auf die gleiche Weise backen und fertigstellen.

STÄRKE IN DER SAUCE?

Pizzabäcker sind Puristen, klar. Trotzdem rühre ich immer etwas Stärke unter meinen Tomatensugo. Die quillt und bindet Flüssigkeit beim Backen im heißen Ofen, und so kann der Teig nicht durchweichen. Ein einfacher kleiner Trick mit einer großen Wirkung – muss ja kein Italiener wissen …

PFANNKUCHEN STARK WIE VON PIPPI

Fast jedes Kind kennt und liebt Pippi Langstrumpf. Astrid Lindgrens bärenstarke Heldin, die in der Villa Kunterbunt riesige Stapel Pfannkuchen für sich und ihre Freunde bäckt. Vielleicht ein Grund mehr, warum Kinder Pfannkuchen lieben und gleich doppelt zulangen. Das Rezept dafür ist tatsächlich kinderleicht: Mehl, Milch und Eier, vielleicht noch etwas Zucker und fertig ist der Teig. Je nach Rezept kommen auch mal mehr Eier in den Teig – oft sagt man darum auch »Eierkuchen«.

Wäre der Teig nicht so flüssig, ließe sich daraus ja tatsächlich auch Kuchen im Ofen backen. Pfannkuchen backen aber nun mal in der Pfanne: bei ausreichender Hitze erst von unten, gehen fluffig auf, werden dann durch einen eleganten Schwung in die Luft geworfen, um auf der weniger gebräunten Seite wieder in der Pfanne zu landen. Allerdings steht Pippi Langstrumpf heute nicht mehr in jedem Bücherregal und manche Eltern tun sich schwer mit Pfannkuchen. Es wird »Low Carb« gekocht und Zucker, Gluten, Laktose und vieles mehr – was natürlich in vielen Lebensmitteln enthalten ist – gilt als gesundheitsschädigend oder zumindest bedenklich. Mag ja vielleicht was dran sein – wer ständig nur Pfannkuchen isst, geht irgendwann tatsächlich auf und wird dick und rund wie ein Eierkuchen. Trotzdem sollte sich niemand dieses wunderbar einfache Gericht vermiesen lassen: Freunde, backt unbedingt ab und zu mal eine Ladung Pfannkuchen und lest unbedingt Pippi Langstrumpf!

PFANNKUCHEN

Für 8 Stück

30 Min. Zubereitung
30 Min. Quellen

- **250 ml Milch**
- **2 Eier (M)**
- **80 g Weizenmehl (Type 405)**
- **1 TL Zucker (nach Belieben)**
- **8 EL neutrales Pflanzenöl**

1 Die Milch und die Eier in einer Schüssel mit einem Schneebesen von Hand oder mit den Rührbesen des Handrührgeräts sehr gut verquirlen. Das Mehl nach und nach in kleinen Portionen sorgfältig unterrühren, sodass keine Klümpchen mehr zu sehen sind. Dann nach Belieben den Zucker unterrühren (für herzhafte Pfannkuchen weglassen). Den Teig ca. 30 Min. ruhen und quellen lassen.

2 In einer Pfanne (ca. 24 cm Ø) 1 EL Öl auf mittlerer bis starker Stufe erhitzen. 1 kleine Schöpfkelle Teig in die Pfanne geben und durch Schwenken darin so verteilen, dass ein dünner Fladen entsteht. Sobald der Teig an der Unterseite goldbraun ist und auf der Oberfläche fest wird (es zeigen sich »Blasenlöcher«), den Pfannkuchen mit dem Pfannenwender umdrehen und auf der anderen Seite in 1–2 Min. ebenfalls goldbraun backen.

3 Den fertigen Pfannkuchen aus der Pfanne nehmen und auf einem Teller im Backofen bei 80° warm halten. Dann aus dem übrigen Teig und dem Öl auf die gleiche Weise nacheinander noch sieben weitere Pfannkuchen backen. Die Pfannkuchen sofort servieren.

SEBASTIANS SLOW- NOT LOW-CARB-PFANNKUCHEN

»Dumm wie Brot« lautete der reißerische Titel eines umstrittenen Bestsellers, dessen Autor Weizen gar als »Killerkorn« einstuft. Echter Humbug. Weizen und Weizenmehlprodukte sind weder gefährlich noch lebensbedrohlich ungesund. Es stimmt, einige wenige Menschen leiden unter einer echten Weizenallergie, aber das sind gerade einmal 0,1 Prozent aller Europäer. Vielen anderen schlägt Weizen dagegen »nur« leicht auf den Magen, sie gelten als »sensitiv«. Für die meisten steht der Übeltäter dafür schon lange fest: Gluten. Doch heute ist die Wissenschaft überzeugt: Andere Bestandteile des Weizens sind weit gefährlicher.

Bei Gluten handelt es sich um eine Mischung getreideeigener Proteine, Kohlenhydrate und Lipide. In Verbindung mit Wasser entsteht daraus »Weizenkleber«: eine elastisch dehnbare Masse, die sich ganz einfach isolieren lässt, indem man Mehl mit Wasser verknetet und anschließend in kaltem Wasser Stärke und andere lösliche Stoffe auswäscht. Übrig bleibt dann das reine, gummiartig dehnbare Gluten.

1. *Flüssigkeit und Mehl bildet Gluten, »Weizenkleber«. Je mehr Teig bearbeitet, geknetet oder gerührt wird, desto stabiler und fester wird das Gluten. Es sorgt dafür, dass der Teig beim Verarbeiten elastisch bleibt, bildet aber gleichzeitig auch ein Gerüst, das ihn später beim Backen stabil und in Form hält (z. B. bei Brot). Beim Backen – auch von Pfannkuchen – verdampft nämlich Feuchtigkeit und bildet Bläschen, die sich durch die Elastizität des Klebers einerseits gut ausdehnen können, anderseits durch ihn stabil im Teig gehalten werden: Der Pfannkuchen geht auf und bleibt locker.*

2. *Pfannkuchen ohne Mehl und Gluten werden also nichts bzw. völlig anders. Das lässt sich ganz einfach mit Mehl aus glutenfreien Getreiden wie Reis oder Hirse testen: Der Teig bleibt zunächst selbst bei kräftigem Rühren flüssiger und geht in der Pfanne beim Backen kaum auf – anstelle eines flauschig weichen Pfannkuchens bekommt man einen flachen, harten, im besten Fall knusprigen Fladen – es sei denn man verwendet zusätzlich mehr Eier und Backtriebmittel wie Backpulver. Die Pfannkuchen bleiben zudem blasser, denn auch fürs Bräunen ist Gluten wichtig.*

Bei Pfannkuchen macht's also das Gluten. Darum müssen die Zutaten für den Teig anfangs auch lange genug und sehr gründlich verrührt werden, um die Glutenbildung anzuregen und gleichzeitig mehr Luft in den Teig zu bekommen – das geht übrigens sehr viel besser mit einem elektrischen Handrührgerät als mit reiner Muskelkraft. Nach soviel Arbeit braucht das Gluten dann aber erst einmal absolute Ruhe, damit es sich nach und nach entfalten und stabilisieren kann. Das dauert gut eine halbe Stunde, ein bisschen länger schadet nicht. Und noch länger? Das bringt's total: Denn wie jüngste Studien beweisen, bauen sich dann bestimmte Stoffe ab, auf die Menschen mit einer Weizensensitivität häufig reagieren. Lässt man dem Teig also richtig viel Zeit, werden die Pfannkuchen am Ende besser verträglich.

WAS LANGE GÄRT, WIRD ENDLICH GUT

Neben Gluten stehen heute vor allem bestimmte vergärbare Zucker wie Milchzucker (Laktose) und Fruchtzucker (Fruktose) im Verdacht Bauchschmerzen zu verursachen. Diese »Fodmaps« (fermentierbare Oligosaccharide, Disaccharide, Monosaccharide und Polyole) werden aber abgebaut, wenn man dem Teig Zeit lässt. Wissenschaftler gehen davon aus, dass ähnliches auch für Gluten gilt.

Meinen Teig verrühre ich nicht einfach nur. Mit dem Rührgerät werden Eier und Zucker wie bei einem Rührteig kräftig aufgeschlagen, damit die entstehenden Eiweißbläschen zusätzlich Luft und Stand in den Teig bringen. Danach wird noch mal gerührt – und zwar kräftig, damit sich ordentlich Gluten bildet.

1

Über Nacht fermentiert der Teig: Es kommt zu natürlichen Gärprozessen, bei denen in Mehl und Milch enthaltene Enzyme und Mikroben bestimmte Inhaltsstoffe des Mehls aufbrechen und umarbeiten.

2

Der Teig wird quasi von sich selbst »vorverdaut«, bestimmte Verbindungen werden gelöst, dafür bilden sich Abbauprodukte, die der Körper besser aufnehmen kann.

3

Bei Gärprozessen wird zusätzlich Gas in Form von Kohlendioxid freigesetzt – das macht den Pfannkuchen beim anschließenden Backen luftiger und lockerer.

Auch mein Pfannkuchenteig enthält Gluten. Dafür haben sich durch die 24stündige Fermentationsphase andere für den Stoffwechsel problematische Inhaltsstoffe des Mehls abgebaut bzw. in besser verdauliche verändert. Und nicht nur das: Durch die Gärungsprozesse schließen sich viele Nährstoffe erst richtig auf und es entstehen neue Verbindungen, die sich auch positiv auf den Geschmack auswirken – der Pfannkuchen schmeckt nicht nach Mehlkuchen, sondern ist ein Leckerkuchen! Was das Gluten angeht: Lass dem Teig Zeit!

SEBASTIANS SLOW- NOT LOW-CARB-PFANNKUCHEN

Für 10 Stück

1 Std. Zubereitung
24 Std. Ruhen

- **2 Eier (M)**
- **2 Eigelb (M)**
- **2 EL Zucker**
- **abgeriebene Schale von ¼ Bio-Zitrone**
- **½ Vanilleschote**
- **250 g Weizenmehl (Type 405)**
- **1 TL Speisestärke**
- **Salz**
- **600 ml Milch**
- **ca. 50 g Butterschmalz zum Backen**

1 Eier, Eigelbe, Zucker und Zitronenabrieb in eine Rührschüssel geben. Die Vanilleschote längs aufschneiden, das Mark mit einem kleinen spitzen Messer herauskratzen und ebenfalls in die Schüssel geben. Die Zutaten mit den Rührbesen des Handrührgeräts zu einer hellen, cremigen Masse schlagen.

2 Das Mehl mit der Stärke vermischen. Die Mehlmischung auf die Eiermasse sieben. 1 Prise Salz und die Milch hinzufügen und alles sehr gut verrühren. Den Teig luftdicht verschließen und 24 Std. in den Kühlschrank stellen.

3 Den Pfannkuchenteig nochmals durchrühren. Dann aus dem Teig zehn Pfannkuchen backen. Dazu eine Pfanne (ca. 24 cm Ø) auf mittlerer Stufe erhitzen und dünn mit Butterschmalz ausreiben. Eine kleine Schöpfkelle Teig in die Pfanne geben und durch Schwenken so darin verteilen, dass ein dünner Fladen entsteht. Sobald der Teig an der Unterseite goldbraun ist und auf der Oberfläche fest wird, den Pfannkuchen mit dem Pfannenwender umdrehen und auf der anderen Seite in 1–2 Min. goldbraun backen.

4 Den fertigen Pfannkuchen aufrollen oder zusammenklappen und im Backofen bei 80° warm halten. Dazu eventuell in Backpapier und Alufolie einwickeln, damit der Pfannkuchen nicht austrocknet. Aus dem übrigen Teig auf die gleiche Weise nacheinander noch neun weitere Pfannkuchen backen, dazwischen die Pfanne jeweils mit etwas Butterschmalz ausreiben. Dazu passen Eiscreme und Beeren.

MILCHREIS RISOTTO MAL SÜSS

Eine Schüssel voller Milchreis, mit Zimtzucker bestreut, warm und duftend – das weckt bei den meisten süße Erinnerungen an Kindertage, das schmeckt nach Ankuscheln, Geborgenheit und mütterlicher Fürsorge. Weniger Entzücken löst das Gericht allerdings bei jenen aus, die es eher würzig lieben und nichts mit kindgerecht breiig gekochtem Reis anfangen können. Für die gibt es heute zum Glück Risotto, zwar nicht süß, aber im Prinzip ähnlich wie Milchreis mit Rundkornreis gekocht.

Das war nicht immer so. Reis gelangte im 10. Jahrhundert erst über Umwege durch die Mauren aus Asien nach Spanien. In Deutschland wurde Reis als Zutat dann bereits in einem der ersten um 1350 erschienenen Kochbücher erwähnt. Allerdings in einem Rezept für »Blancmanger«, ein edles, weißes Gericht aus zerstoßenem Reis und Mandeln mit hellem Zucker gesüßt – Milchreis eben, den sich nur adlige Herrschaften leisten konnten. Und bei Milchreis blieb es dann auch einige Jahrhunderte. Erst spät taucht in deutschen Kochbüchern dann »Reis auf mailändische Art«, sprich Risotto, auf. Heute ist Reis weitverbreitet und man genießt Thai-, Basmati- oder Klebreis als herzhafte Beilage, in Paella oder Risotto. Oder eben in Form von Milchreis – denn der hat sich über Jahrhunderte hinweg in Kochbüchern gehalten – ein echter Klassiker eben, nicht nur für Kinder. Und mit ihren überschaubaren Zutatenlisten sehen die Rezepte ja auch noch so schön einfach aus! Da kann doch nicht viel schiefgehen, oder?

MILCHREIS

Für 4 Personen

15 Min. Zubereitung
45 Min. Garen

- **250 g Milchreis**
- **1–1,25 l Milch**
- **Salz**
- **1 Stück Schale von 1 Bio-Zitrone (ca. 5 cm lang)**
- **4 EL Butter (nach Belieben)**
- **Zucker und Zimt zum Bestreuen**

1 Den Milchreis in einem Sieb gründlich mit kaltem Wasser abspülen und abtropfen lassen. 1 l Milch mit 1 kräftigen Prise Salz und der Zitronenschale in einem Topf aufkochen.

2 Den Reis in die kochende Milch schütten. Einmal aufkochen, dann bei sehr kleiner Hitze 40–45 Min. quellen lassen. Um ein Anbrennen zu verhindern, den Milchreis nicht umrühren, sondern nur ab und zu den Topf leicht hin und her bewegen. Wird der Milchreis zu dick, noch etwas Milch hinzufügen.

3 Sobald der Reis weich ist, die Zitronenschale herausnehmen. Den Milchreis in tiefen Tellern anrichten, nach Belieben die Butter daraufgeben. Mit Zucker und Zimt bestreuen.

SEBASTIANS OVERNIGHT-MILCHREIS

Reis kochen ist keine Kunst, Reis gut kochen aber schon. Unbedarfte kippen Reis einfach wie Nudeln in einen Topf mit reichlich Wasser, kochen ihn kräftig und gießen anschließend das Wasser ab. Nicht nur, dass dabei Nährstoffe und Aromen im Abfluss landen, der Reis im Sieb ist so meist aufgeplatzt, matschig und nass. Besser gart dagegen Reis im »Quellverfahren«, bei dem er bei kleiner Hitze und geschlossenem Deckel gart und die gesamte, exakt bemessene Menge Wasser nach und nach absorbiert. Das Ergebnis: Ein Reis mit fest geschlossenen Körnern, je nach verwendeter Sorte locker-körnig oder feucht-klebrig.

Der Handel unterscheidet Reis aufgrund seiner Körnergröße bzw. Länge in Langkornreis (wie z. B. Basmati-, Jasmin- oder Patnareis) und Rundkornreis (z. B. Milch-, Risotto und Sushireis), manchmal auch noch Mittelkornreis (ebenfalls Risotto oder Milchreis). Je nach Sorte enthält der Reis mehr oder weniger Stärke, die entscheidend für die Konsistenz des gegarten Reises ist.

1. *Wie bei Kartoffeln ist beim Reiskochen das Ergebnis hauptsächlich vom Stärkegehalt abhängig bzw. davon, wie man die Stärkeverkleisterung reguliert: Gibt man Reis, der zum größten Teil aus Stärke besteht, in kaltes Wasser, passiert zunächst wenig. Erhitzt man aber das Wasser, lockern die sich schnell bewegenden Wassermoleküle die Bindung zwischen den Stärkemolekülen, in die das Wasser eindringen kann. Die Stärkekörnchen quellen auf und setzen Amylose frei, die verkleistert und die Reiskörner mehr oder weniger miteinander verbindet: Der Reis wird gar, weich und klebrig.*

2. *Dabei ist aber nicht nur der Stärke- bzw. Amylosegehalt entscheidend für das Ergebnis, sondern maßgeblich auch, wie viel Amylose wie schnell abgegeben wird. Rundkornreis enthält zwar weniger Amylose als Langkornreis, verkleistert aber bereits bei wesentlich niedrigeren Temperaturen und setzt dadurch mehr Amylose frei: Der Reis wird nicht locker und körnig, sondern feucht und klebrig bis leicht pappig – genau wie wir es uns für Milchreis oder Risotto wünschen. Wer der Amylose auf die Sprünge helfen will, sollte öfter rühren, um sie schneller freizusetzen.*

Wie viel Flüssigkeit braucht aber nun Milchreis? Er soll ja schön breiig-schlotzig werden, also nicht die ganze Flüssigkeit aufnehmen – sonst wird er trocken und setzt im schlimmsten Fall an. Die Faustregel lautet 1:4, also ein Teil Reis auf vier Teile Flüssigkeit. Darin gart der Reis bei möglichst kleiner Hitze ohne großes Rühren, indem er mehr quillt als kocht und dabei ordentlich Flüssigkeit aufsaugt. Die einzelnen Körner bleiben in Form, platzen nur mäßig und geben nach und nach Stärke ab. Die sorgt für Bindung zwischen den Reiskörnern, dickt aber auch die Milch schön an. Wer eher trockeneren Milchreis bevorzugt, kocht den Reis mit weniger Milch auf und gibt wie bei einem Risotto nach und nach Milch zu – dann ist allerdings häufigeres Rühren angesagt, damit nichts anbrennt.

GUT EINGEWEICHT, IST HALB GEKOCHT

Milchreis zum Frühstück? Genau mein Ding. Allerdings ohne dass dafür der Wecker schon in aller Herrgottsfrühe bimmeln und ich noch halb schlafend lange am Herd stehen und Reis umrühren muss. Darum kommen bei mir alle Zutaten schon am Abend vorher in den Topf, inklusive Vanilleschote, die dann über Nacht Zeit hat, viel Aroma abzugeben. Milchreis ganz nach meinem Geschmack!

Wo andere den Thermokocher anschmeißen, bleibe ich ganz cool. Indem mein Reis über Nacht im Kühlen ruht, gart er am nächsten Tag ganz fix und mit wenig Hitze in der Hälfte der Zeit – ganz ohne Rühren und Kontrollieren. Sind dann der Kaffee gekocht und der Tisch gedeckt, ist auch der Reis schon fertig.

1

Durch das Einweichen dehnen sich die Reiskörner maximal und erreichen eine höchstmögliche Sättigung an Flüssigkeit – die Garzeit der Reiskörner halbiert sich – das ist Turbo-Milchreis à la Lege!

2

Der Reis wird nicht mit Wasser vorgewaschen und somit keine Stärke abgespült. Das sorgt für mehr Bindung mit der Milch, der Milchreis wird extra sämig und cremig.

3

Bei kleiner Hitze garen! Bei hoher Hitze reagieren Milchzucker und -eiweiß miteinander, sinken auf den Topfboden und bräunen – der Reis brennt an.

Super, so ein Spätaufsteher-Milchreis. Kein langes Kochen, kein ständiges Rühren im Topf, der Reis wird ganz auf Sparflamme gekocht und ist am Ende trotzdem supercremig. Für etwas mehr »Biss« in Sachen Aroma rühre ich dann gerne noch Joghurt unter meinen Milchreis – das sorgt nicht nur für eine noch samtigere Konsistenz, sondern bringt auch einen schönen Säurekontrast zum kindertauglichen süßen Milchreis. Da werden selbst die Erwachsenen schwach, die sich sonst eher zur herzhaften Risotto-Fraktion zählen!

SEBASTIANS OVERNIGHT-MILCHREIS

Für 4 Personen

10 Min. Zubereitung
12 Std. Quellen
20 Min. Garen

- **250 g Milchreis**
- **1 l Milch (ersatzweise Pflanzendrink nach Wahl)**
- **50 g Zucker**
- **Salz**
- **1 Vanilleschote**
- **2 EL griechischer Joghurt (10% Fett)**
- **Haselnuss-Nugatcreme (oder Schokostücke, nach Belieben)**

1 Den Milchreis mit der Milch, dem Zucker und 1 Prise Salz in einen Topf geben. Die Vanilleschote längs aufschneiden, das Mark mit einem kleinen, spitzen Messer herauskratzen und ebenfalls in den Topf geben.

2 Den Reis zugedeckt 12 Std. im Kühlschrank quellen lassen, fürs Frühstück also über Nacht.

3 Den Topf aus dem Kühlschrank nehmen und den Milchreis bei kleiner Hitze leicht erwärmen und ca. 20 Min. quellen lassen, bis er weich ist und eine sämige Konsistenz hat.

4 Den Topf vom Herd nehmen und den Reis leicht abkühlen lassen. Dann den Joghurt unterrühren. Nach Belieben Haselnuss-Nugatcreme oder Schokostücke zum Unterrrühren dazu reichen.

FRÜCHTEKOMPOTT À LA LEGE

Früchte nach Wahl putzen und waschen bzw. schälen und in Würfel schneiden. Die Würfel in einen Topf geben, ganz leicht mit Salz bestreuen und 1 Std. ziehen lassen. 2 EL Honig dazugeben, dann alles mit geschlossenem Deckel bei mittlerer Hitze ca. 5 Min. leicht köcheln lassen. Gewürze nach Belieben (Zimt, Kardamom oder Sternanis) hinzufügen und 5 Min. offen bis zur gewünschten Konsistenz einköcheln.

REGISTER

SEBASTIAN LEGE

… ist TV-Foodexperte und Entertainer, der es sich zur Aufgabe gemacht hat, humorvoll über die Zubereitung und Herstellung alltäglicher Lebensmittel aufzuklären. Als Küchenchef und dann Küchendirektor in diversen gehobenen Restaurant- und Hotelküchen machte der Koch eine beeindruckende Karriere. Parallel dazu arbeitet er als freiberuflicher Produktentwickler für namhafte Unternehmen der Lebensmittelbranche.

Seit 2012 zeigt Sebastian Lege in den ZDFzeit-Formaten den Zuschauern, was in den täglichen Lebensmitteln steckt und wie sie verarbeitet werden. Im Februar 2016 bekam Sebastian zur Primetime seine erste eigene Sendung im ZDF: Die Tricks der Lebensmittelindustrie.

Inzwischen beschäftigt er sich auch mit den modischen Aspekten des Kochens: Und unter dem Motto »Leidenschaft nicht nur am Gaumen, sondern auch auf der Haut« entwickelt er zusammen mit den Designern der Fashion Roomers die Kollektion Food-Tastic mit Schürzen und T-Shirts: www.food-tastic.de

IMPRESSUM

Projektleitung: Alessandra Redies
Lektorat: Karin Kerber
Korrektorat: Adriane Andreas
Layout und Umschlaggestaltung:
independent Medien-Design, Horst Moser, München
Herstellung: Susanne Fuhrmann
Satz: Christopher Hammond
Repro: Longo AG, Bozen
Druck: aprinta druck GmbH, Wemding
Bindung: Conzella Pfarrkirchen

ISBN 978-3-8338-7692-9

BILDNACHWEIS:
Cover: Kathrin Koschitzki;
alle Fotos von Sebastian Lege und Steps 43-1, 107-1 und 169-1: Frank Dursthoff;
alle ganzseitigen Rezeptfotos: Jörg Letz.
Weitere Fotos: Adobe Stock: 55-2, 55-3; Mona Binner: 23; Katharina Bohm: 71; Barbara Bonisolli: 35, 43-2, 112-2; Maria Brinkop: 37-3; Vivi D'Angelo: 25-2, 37-1, 87-3, 101-1, 127-1, 133-2, 151-1, 151-2, 151-3; Klaus Maria Einwanger: 65, 95-2, 95-3, 101-2, 117, 139-1, 143, 145-1, 157-2; Fotostudio L'Eveque: 119-2; Fotos mit Geschmack: 67-2, 99, 111, 137; Maria Grossmann/Monika Schürle: 54-1, 54-2, 55-1, 139-3, 175-2; Vanessa von Hilchen: 73-3; Julia Hoersch: 11, 112-3, 155; JUNI: 163-2, 163-3; Silvio Knezevic: 47, 49-5, 131, 157-1; Kramp + Gölling: 31-1, 145-3, 167, 169-2; Coco Lang: 127-3, 163-1; Jana Liebenstein: 37-2, 133-3; Jörg Lehmann: 31-3, 36-2, 79-3, 119-1; Mathias Neubauer: 13-1, 13-2, 13-3, 53, 61-1, 92-2, 95-1, 101-3; The Noun Project: 31-2, 49-1, 49-2, 49-3, 67-3, 107-2, 113-1, 113-2, 119-3, 127-2, 145-2, 181-2; René Riis: 73-1; Jörn Rynio: 25-3, 43-2, 61-3, 67-1; Wolfgang Schardt: 13-4, 17, 19-1, 19-2, 25-1, 29, 59, 73-2, 77, 79-1, 79-2, 91, 105, 149, 179, 181-3; Christian Teubner: 49-4, 61-2, 87-2, 93-1, 93-2 93-3, 181-1; Nicky Walsh: 85, 113-3, 133-1, 139-2, 169-3, 173, 175-1; Alexander Walter: 41, 87-1, 125, 175-3; Jan-Peter Westermann: 107-3; Michael Wissing: 161; Melanie Zanin: 157-3

GRÄFE UND UNZER

Ein Unternehmen der
GANSKE VERLAGSGRUPPE

www.facebook.com/gu.verlag